Letzte Dinge regeln

KARIN VON FLÜE

Letzte Dinge regeln

Fürs Lebensende vorsorgen – mit Todesfällen umgehen

Ein Ratgeber aus der Beobachter-Praxis
in Zusammenarbeit mit Pro Senectute

Die Texte zum Thema Pflege von Angehörigen in Kapitel 2 sowie das Kapitel 5 stammen von Monika Brechbühler.

Download-Angebot zu diesem Buch

Sämtliche mit diesem Signet gekennzeichneten Checklisten, Vorlagen und Muster im Anhang stehen auch online zum Herunterladen bereit unter: www.beobachter.ch/download (Code 8585).

DOCUPASS

Dieses Signet verweist auf ein entsprechendes Dokument im DOCUPASS-Vorsorgedossier von Pro Senectute, mit dem Sie Ihre persönliche Vorsorge detailliert regeln können.

Beobachter-Edition
3., aktualisierte Auflage, 2014
© 2009 Axel Springer Schweiz AG, Zürich
Alle Rechte vorbehalten
www.beobachter.ch

Herausgeber: Der Schweizerische Beobachter, Zürich,
zusammen mit Pro Senectute Schweiz, Zürich
Lektorat: Käthi Zeugin, Ursula Trümpy, Zürich
Umschlaggestaltung und Reihenkonzept: buchundgrafik.ch
Umschlagfoto: Agentur plainpicture
Satz: Bruno Bolliger, Losone
Druck: Grafisches Centrum Cuno GmbH & Co. KG, Calbe

ISBN 978-3-85569-858-5

Mit dem Beobachter online in Kontakt:

 www.facebook.com/beobachtermagazin

 www.twitter.com/BeobachterRat

www.beobachter.ch/google+

Inhalt

Vorwort

Wir alle müssen irgendwann sterben. Trotzdem denken wir lieber nicht über die eigene Endlichkeit nach und verdrängen den Gedanken, eventuell einmal auf Pflege angewiesen zu sein. Auch miterleben zu müssen, wie die Kräfte eines geliebten Menschen schwinden, wie er pflegebedürftig wird und diese Welt schliesslich für immer verlässt, ist hart. Denn zur Trauer gesellt sich eine Reihe von Verpflichtungen.

Wer sich jedoch frühzeitig mit der letzten Lebensphase, dem Tod und seinen Folgen auseinandersetzt, kann in Ruhe für sich und seine Liebsten vorsorgen. Und dabei soll dieses Buch helfen: Der erste Teil zeigt Ihnen, was im Hinblick auf den eigenen Pflege- und Todesfall alles zu bedenken ist – von den finanziellen über die ethischen bis hin zu den organisatorischen Aspekten; der zweite Teil richtet sich an die Angehörigen. Sie erfahren, was bei der Pflege eines nahestehenden Menschen zu beachten ist, was es im Todesfall alles zu regeln gilt und wie Sie dabei am besten vorgehen. Kurz: «Letzte Dinge regeln» ist ein Ratgeber, der alle wichtigen Fragen rund ums Thema Sterben und Tod beantworten soll. In der vorliegenden dritten Auflage finden sich zusätzliche Informationen zum neuen gesetzlichen Vertretungsrecht der Angehörigen, zur Patientenverfügung und zum Vorsorgeauftrag.

Liebe Leserin, lieber Leser, Themen wie Pflegebedürftigkeit und Tod sind keine leichte Kost. Ich wünsche Ihnen den Mut, sich damit auseinanderzusetzen, und hoffe, dass Ihnen dieses Buch einige wertvolle Impulse liefert. Denn sind diese heiklen Fragen erst einmal geklärt und geregelt, fällt das Leben – egal in welcher Lebensphase – ein schönes Stück leichter.

Karin von Flüe
im September 2014

11

Teil 1

Vorsorgen für den Pflege- und den Todesfall

Die Liebsten absichern

Sterben und Tod – darüber denken viele nur ungern nach.
Meist wagen wir uns erst an diese Themen, wenn es darum geht,
Familienangehörige abzusichern: mit Ehevertrag, Testament,
Versicherung. Oder wenn ein Todesfall in der Umgebung auch
das eigene Sterben innerlich näherrücken lässt. In diesem Kapitel
erfahren Sie, wie Sie am besten für Ihre Liebsten vorsorgen, aber
auch, was gilt, wenn Sie gar nichts unternehmen.

Das Einmaleins des Erbrechts

Das Schweizerische Zivilgesetzbuch (ZGB) definiert, wer nach dem Tod eines Menschen für dessen Kinder und Tiere sorgen muss und wer das Hab und Gut erbt. Das Gesetz lässt aber Raum für eigene, abweichende Anordnungen.

Gesetzliche Erben, Pflichtteil, Erbvorbezug, frei verfügbare Quote – das Erbrecht wartet mit einer Fülle an Fachausdrücken und Regelungen auf, die auf den ersten Blick etwas verwirrend wirken. Trotzdem ist es ratsam, sich mit dieser Materie zu befassen. Denn wenn Sie Ihre Verhältnisse umsichtig und in Ruhe klären, vermeiden Sie viele Probleme. Bei komplexen Familien- und Besitzverhältnissen lohnt sich die individuelle Beratung durch eine Fachperson.

Wer zur gesetzlichen Erbengemeinschaft gehört, bestimmt die sogenannte Stammesordnung und vor allem aber Ihre familiäre Situation.

> **BUCHTIPP**
>
> Das vorliegende Buch beschreibt die Grundzüge des Erbrechts, die Sie für eine erste Auslegeordnung benötigen. Ausführlichere Informationen finden Sie im Beobachter-Ratgeber **«Testament, Erbschaft. Wie Sie klare und faire Verhältnisse schaffen».**
>
> www.beobachter.ch/buchshop

Wenn Kinder da sind

Die verstorbene Person wird im Erbrecht als Erblasser bezeichnet. Hinterlässt der Erblasser Nachkommen, also Kinder und Kindeskinder, bilden diese die Erbengemeinschaft.

Hinterlässt eine Verstorbene einen Ehemann oder eine eingetragene Partnerin, gehört diese Person ebenfalls zur Erbengemeinschaft. Der Ehegatte respektive die Partnerin erhält die Hälfte des Nachlasses. Die andere Hälfte geht zu gleichen Teilen an die Kinder. Ist ein Kind vorverstorben, treten dessen Nachkommen an seine Stelle.

Verwandte des elterlichen oder grosselterlichen Stamms sind ausgeschlossen.

ERSTER STAMM: DIE NACHKOMMEN

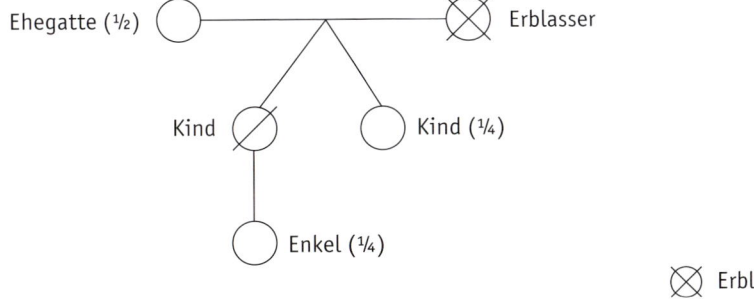

Wenn keine Kinder da sind

Hat ein Erblasser keine Nachkommen, gehören Mutter und Vater zur Erbengemeinschaft; sie erben je zur Hälfte. Ist ein Elternteil schon verstorben, geht das Erbe weiter an seine Nachkommen, also an die Geschwister und Halbgeschwister des Erblassers. An die Stelle eines vorverstorbenen Geschwisters treten wiederum dessen Kinder, also Neffen und Nichten.

ZWEITER STAMM: ELTERN, GESCHWISTER, NEFFEN UND NICHTEN

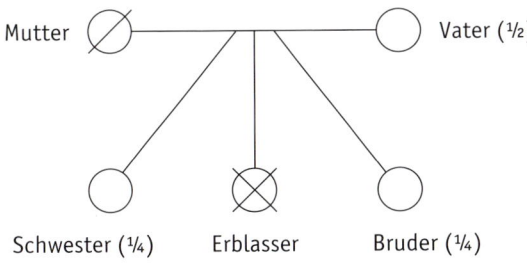

War der Erblasser verheiratet oder lebte er in eingetragener Partnerschaft, gehört auch die hinterbliebene Ehegattin beziehungsweise der Partner zu den gesetzlichen Erben. Sie erhalten drei Viertel der Erbschaft; der Stamm der Eltern erhält total einen Viertel.

Der grosselterliche Stamm

Wenn eine Erblasserin keine Verwandten vom Stamm der Eltern hinterlässt, gehören die Grosseltern der mütterlichen und väterlichen Seite zur Erbengemeinschaft. An die Stelle bereits verstorbener Grosseltern treten ihre Kinder, also Onkel und Tanten der Erblasserin. Sind auch diese verstorben, kommen deren Kinder, also die Cousinen und Cousins, zum Zug.

Hinterlässt die Erblasserin aber einen Ehemann, so ist er Alleinerbe (dasselbe gilt auch für die eingetragene Partnerin). Die Verwandten des grosselterlichen Stammes sind dann von Gesetzes wegen vom Erbe ausgeschlossen.

Der Staat als Erbe

Hinterlässt eine verstorbene Person weder Nachkommen noch einen Ehegatten respektive eingetragenen Partner noch Verwandte des elterlichen oder grosselterlichen Stammes, erbt der Kanton, in dem sie zuletzt ihren Wohnsitz hatte.

DRITTER STAMM: GROSSELTERN, ONKEL, TANTEN UND COUSINS

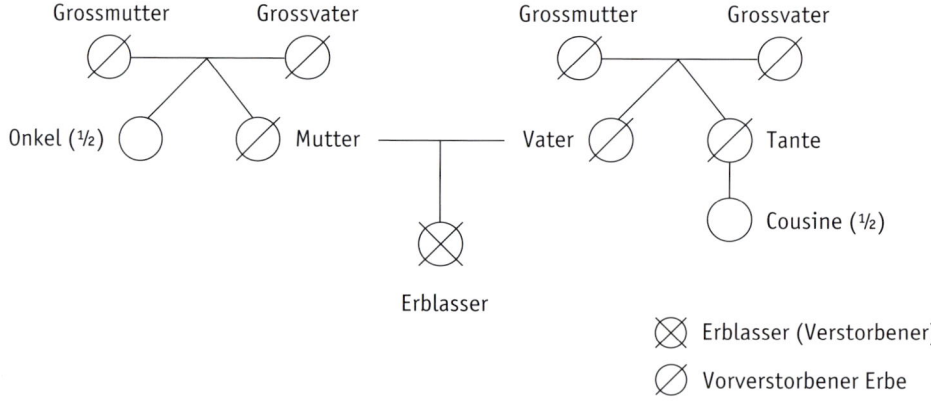

GUT ZU WISSEN *Nicht zu den gesetzlichen Erben gehören der geschiedene Ehemann, die nicht eingetragene Lebenspartnerin, Stiefkinder, Stiefeltern, Stiefgeschwister, Schwiegereltern und Verschwägerte.*

Erben und ihre Pflichtteile

In einem Testament kann man Personen oder Institutionen als Erben einsetzen. Auch einzelne gesetzliche Erben können gegenüber anderen bevorzugt werden. In den meisten Familien ist die Verfügungsfreiheit aber durch Pflichtteile eingeschränkt. Denn Ehefrau und Ehemann, eingetragene Partner und Partnerinnen, die Nachkommen und die Eltern haben von Gesetzes wegen Anspruch auf einen Pflichtteil. Anderen Personen steht kein Pflichtteil zu; das gilt seit 1988 auch für Geschwister.

Wie gross ist der Pflichtteil?

Das Gesetz bestimmt die Höhe des Erbteils der gesetzlichen Erben. Diese gesetzlichen Erbteile dürfen Erblasser bei den Pflichtteilserben nur be-

---

SO WERDEN PFLICHTTEILE BERECHNET

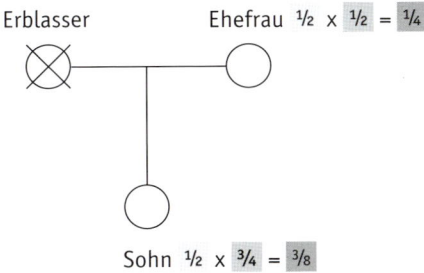

Erblasser — Ehefrau $\frac{1}{2} \times \frac{1}{2} = \frac{1}{4}$

Sohn $\frac{1}{2} \times \frac{3}{4} = \frac{3}{8}$

⊗ Erblasser (Verstorbener)

Pflichtteilsanspruch (Erbquote): $\frac{1}{4} + \frac{3}{8} = \frac{5}{8}$
Frei verfügbare Quote: $\frac{3}{8}$

▫ Gesetzlicher Erbteil
▪ Pflichtteil
■ Pflichtteilsanspruch (Erbquote)

schränkt verkleinern: bei Nachkommen um einen Viertel, beim Ehemann respektive der eingetragenen Partnerin und den Eltern um die Hälfte. Man nennt diese Praxis «auf den Pflichtteil setzen». Der Pflichtteil ist also der Teil des gesetzlichen Erbteils, den der Erblasser seinen Pflichtteilserben nicht entziehen darf (wie diese Pflichtteile berechnet werden, veranschaulicht das Beispiel im Kasten auf Seite 19).

Die verfügbare Quote

Der nicht gebundene Teil des Erbes (im Beispiel: $3/8$) heisst frei verfügbare Quote. Über diesen Teil des Nachlasses können Erblasser nach Belieben verfügen. Je nach Zusammensetzung der Erbengemeinschaft ist diese Quote unterschiedlich hoch.

SO WIRD DIE FREI VERFÜGBARE QUOTE BERECHNET

Hinterlassene	Gesetzliche Erbteile	Gesetzliche Pflichtteile	Erbquote	Frei verfügbare Quote
Sohn und Tochter	$1/2$ und $1/2$	$3/4$ und $3/4$	$3/8 + 3/8 = 3/4$	$1/4$
Sohn und Ehefrau	$1/2$ und $1/2$	$3/4$ und $1/2$	$3/8 + 2/8 = 5/8$	$3/8$
Mutter und Bruder	$1/2$ und $1/2$	$1/2$ und 0	$1/4 + 0 = 1/4$	$3/4$
Ehefrau und Eltern	$3/4$ und $1/4$	$1/2$ und $1/2$	$3/8 + 1/8 = 1/2$	$1/2$
Ehemann und Schwester	$3/4$ und $1/4$	$1/2$ und 0	$3/8 + 0 = 3/8$	$5/8$
Bruder und Nichte	$1/2$ und $1/2$	0 und 0	$0 + 0 = 0$	alles

Wenn Sie Pflichtteile verletzen, ist Ihr Testament deswegen nicht automatisch ungültig. Die Erben haben jedoch die Möglichkeit, etwas dagegen zu unternehmen. Sie müssen die Pflichtteilsverletzung innert eines Jahres seit der Testamentseröffnung gerichtlich anfechten und ihren Pflichtteil fordern. Ohne eine fristgerechte Anfechtung oder eine Einigung der Erben auf eine andere Regelung gelten Ihre Anordnungen trotz der Pflichtteilsverletzung.

Erbvorbezug und Schenkung

Mit einem Erbvorbezug gibt jemand schon zu Lebzeiten seinen gesetzlichen Erben etwas vom künftigen Erbe ab. In den allermeisten Fällen sind es die Eltern, die ihren Kindern unter die Arme greifen. Das kann sinnvoll sein: Die ältere Generation ist vitaler als früher, lebt länger und ist im Durchschnitt vermögender als die jüngeren Jahrgänge. Und die Kinder können eine Unterstützung gut gebrauchen: für die Familiengründung, für eine eigene Firma oder für Wohneigentum.

FORMULIERUNGSBEISPIELE: ERBVORBEZUG UND SCHENKUNG

Erbvorbezug

«Mein Sohn Peter hat am 20. Februar 2014 einen Erbvorbezug über 10 000 Franken erhalten. Diese Summe hat er nach meinem Tod gegenüber seiner Schwester Regina auszugleichen.
1. März 2014, Franz Ammann»

Schenkung

«Meine Tochter Karin hat am 20. Februar 2014 eine Schenkung in Höhe von 50 000 Franken erhalten. Sie muss diese Summe nach meinem Tod ihren Geschwistern gegenüber nicht ausgleichen.
1. März 2014, Franz Ammann» ■

Die freie Entscheidung

Alle können zu Lebzeiten über ihr gesamtes Vermögen frei verfügen. Es ist niemand verpflichtet, Vorbezüge zu gewähren oder alle späteren Erben gleich zu behandeln. Das gilt auch für Eltern: Ihre Kinder haben kein Recht, zu Ihren Lebzeiten eine Schenkung oder einen Erbvorbezug zu fordern.

Um böses Blut nach Ihrem Tod zu vermeiden, ist es allerdings besser, wenn Sie das Thema offen mit Ihren Kindern besprechen. Idealerweise erhalten alle Kinder gleich viel oder sind darüber informiert, wenn eines der Geschwister mehr bekommt und wenn nach Ihrem Tod ausgeglichen wird. Halten Sie alle Erbvorbezüge schriftlich fest.

Den Erbvorbezug ausgleichen

Haben nicht alle Kinder gleich viel erhalten, wird nach dem Tod der Eltern abgerechnet. Unter den Nachkommen sind Erbvorbezüge immer auszugleichen. Um einen Erbvorbezug handelt es sich, wenn er klar als solcher bezeichnet wird. Ist nichts vermerkt, spricht man von Schenkung.

Im Gegensatz zum Erbvorbezug muss eine Schenkung nur ausgeglichen werden, wenn es die Eltern ausdrücklich so bestimmt haben oder wenn die Schenkung Ausstattungscharakter hatte, das heisst, wenn die Schenkung der Existenzsicherung oder -verbesserung diente – zum Beispiel, wenn die Tochter mit der geschenkten Summe Schulden beglichen, ein Eigenheim finanziert oder das Geld in ein eigenes Geschäft gesteckt hat. Die meisten Schenkungen an die Kinder zählen zu dieser Kategorie. Muss ein Kind den Betrag später nicht ausgleichen, sollten Sie dies unbedingt schriftlich festhalten.

URS T. HAT EINEN ERBVORBEZUG von 20 000 Franken erhalten, sein Bruder Georg eine Schenkung über 10 000 Franken, damit er seine Schulden begleichen kann. Beim Tod der Eltern verbleiben 90 000 Franken Nettonachlass. Dazu werden der Erbvorbezug und die Schenkung addiert; total beträgt der Nachlass also 120 000 Franken. Jeder Sohn erbt davon die Hälfte, je 60 000 Franken. Vom Nettonachlass erhält Urs T. 40 000 Franken (60 000 minus 20 000 Erbvorbezug) und Georg T. 50 000 Franken (60 000 minus 10 000 Schenkung). Hätten die Eltern nachweislich festgehalten, dass Gregor T. die Schenkung nicht ausgleichen müsse, wären vom Nettonachlass 55 000 Franken an Gregor T. und 35 000 Franken an Urs T. gegangen.

Vorbezüge in Form von Geld müssen nur verzinst oder der Teuerung angepasst werden, wenn die Eltern das so bestimmen. Vorbezogene Sachwerte, zum Beispiel ein Haus, sind dagegen auch ohne spezielle Anordnung zum Verkehrswert am Tag der Erbteilung auszugleichen. Hier wird eine Wertsteigerung also berücksichtigt.

Wenn Pflichtteile verletzt werden

Befreien Eltern einzelne Kinder davon, die Summe ausgleichen zu müssen, oder geht es um reine Luxusschenkungen, können Pflichtteile verletzt sein.

Erhält der Sohn also das Traumauto finanziert und die Tochter geht leer aus, wird der Sohn nach dem Tod der Eltern seiner Schwester immerhin den Pflichtteil auszahlen müssen.

> **TIPP** *Wenn Sie Ihre Kinder im Erbfall gleich behandelt wissen möchten, sollten Sie schriftlich festhalten, dass die erhaltenen Vermögenswerte als Erbvorbezug gelten und daher auszugleichen sind.*

Erbvorbezug und Heimfinanzierung

Oft wollen Eltern ihre Liegenschaft den Kindern schon zu Lebzeiten abtreten. Problematisch ist dies nur, wenn ihnen später finanzielle Mittel für den Lebensunterhalt fehlen, zum Beispiel, weil sie ins teure Pflegeheim ziehen müssen. Die Behörden oder das Heim können den Kindern die geschenkte Liegenschaft zwar nicht mehr wegnehmen – geschenkt ist geschenkt –, doch bei der Berechnung von Ergänzungsleistungen wird die Schenkung – oder ein Verkauf unter dem Wert – als freiwilliger Vermögensverzicht behandelt. Das heisst: Der Wert der Schenkung samt einem hypothetischen Ertrag wird den Eltern angerechnet, wie wenn dieses Vermögen immer noch vorhanden wäre.

Entgegen einem weitverbreiteten Irrglauben sind davon auch Schenkungen betroffen, die länger als fünf oder zehn Jahre zurückliegen. Immerhin ist es erlaubt, jedes Jahr 10 000 Franken zu verschenken. Ein freiwilliger Vermögensverzicht reduziert sich also jährlich um 10 000 Franken. Haben die Eltern zum Beispiel 50 000 Franken verschenkt und benötigen sie erst sechs Jahre später Ergänzungsleistungen, wird die gesamte Schenkung nicht mehr angerechnet.

Je früher Sie also Vermögen weggeben, desto besser. Die Höhe des Vermögensverzichts lässt sich zudem erheblich reduzieren, wenn Sie sich zum Beispiel in einer geschenkten Liegenschaft das lebenslange Nutzniessungs- oder Wohnrecht vorbehalten.

Und was passiert, wenn wegen der Schenkung noch nicht genügend Ergänzungsleistungen fliessen? Zur Not würde die Sozialhilfe einspringen. Das empfinden allerdings viele ältere Menschen als höchst unangenehm. Kommt hinzu, dass das Sozialamt prüfen würde, ob wohlhabende Kinder unterstützungspflichtig sind (Verwandtenunterstützungspflicht). Nach den

Richtlinien der Schweizerischen Konferenz für Sozialhilfe (SKOS), an die sich die meisten Kantone halten, ist wohlhabend, wer als Alleinstehender ein steuerbares Einkommen von mindestens 120 000 Franken hat. Bei Ehepaaren sind es 180 000 Franken, und für jedes minderjährige oder in Ausbildung befindliche Kind kommen noch 20 000 Franken dazu (Stand 2014). Das Vermögen wird bei Alleinstehenden erst ab 250 000 Franken, bei Verheirateten ab 500 000 Franken mitberücksichtigt.

TIPP *Machen Sie sich frühzeitig entsprechende Gedanken, wenn Sie Ihre Liegenschaft an die Kinder abtreten möchten. Professionelle Beratung zur Heimfinanzierung erhalten Sie bei Pro Senectute (www.pro-senectute.ch).*

Streit unter den Erben vermeiden

Streit entsteht meist darüber, wer welches Erbstück zu welchem Anrechnungswert erhalten soll. Ist nur ein Erbe mit dem Teilungsvorschlag der anderen nicht einverstanden, ist die Teilung blockiert, denn die Erbengemeinschaft muss ihre Beschlüsse immer einstimmig fällen. Finden die Erben keine Lösung, hilft nur ein aufwendiger Erbteilungsprozess (mehr zum Thema Erbteilung auf Seite 169). Mit einem Erbvertrag oder Testament lässt sich das Streitpotenzial erheblich reduzieren.

Gemeinsam mit den Erben bestimmen: Der Erbvertrag

Der Erbvertrag erlaubt eine auf die familiäre Situation zugeschnittene Regelung. Besonders in Patchworkfamilien – wenn also Kinder aus früheren Beziehungen da sind – oder in Konkubinatsfamilien bietet diese Form des Vertrags mehr Spielarten als ein Testament oder ein Ehevertrag. Im Erbvertrag können Sie gemeinsam mit Ihren Erben die spätere Erbteilung verbindlich festlegen. Pflichtteilsgeschützte Erben können darin teilweise oder ganz auf ihren Pflichtteil verzichten. Die betroffenen Pflichtteilserben müssen mit der Lösung einverstanden sein und dies durch ihre Unterschrift bezeugen. Das ist allerdings nur mit volljährigen Erben möglich, also nur mit Personen ab 18 Jahren. Stehen Erben unter einer Beistandschaft, die den Abschluss eines Erbvertrags umfasst, bedarf es der Zustimmung des Beistands.

FLAVIA B., 65-JÄHRIG, ist geschieden und hat zwei Töchter; sie lebt seit 20 Jahren mit ihrer Freundin Irene G. zusammen. Frau B., ihre Töchter und die Lebenspartnerin unterschreiben, dass Irene G. gratis und lebenslänglich in Flavias Haus wohnen darf. Die Töchter verzichten damit – vorläufig – auf ihren Pflichtteil. Sie erben erst, wenn auch die Lebenspartnerin stirbt.

Wer einen Erbvertrag aufsetzen will, muss eine Urkundsperson beiziehen. In den meisten Kantonen ist das ein Notar. Die Erben und der Erblasser müssen den Erbvertrag vor dem Notar und im Beisein zweier Zeugen abschliessen. Anschliessend kann der Erblasser die im Erbvertrag getroffenen Vereinbarungen nur mit Einwilligung der anderen Vertragspartner aufheben oder ändern. Sind alle mit der Aufhebung einverstanden, reicht ein gemeinsamer schriftlicher Vertrag.

Allein entscheiden: Das Testament
Mit einem Testament lässt sich einseitig vorsorgen. So können Sie zum Beispiel den Anrechnungswert einzelner Erbschaftsgegenstände bestimmen und durch Teilungsvorschriften verfügen, wer welche Gegenstände aus Ihrem Nachlass erhalten soll. Sie können auch bestimmen, dass gewisse Vermögenswerte – zum Beispiel eine Liegenschaft – verkauft werden müssen und nur der Erlös verteilt werden soll. Das Testament hat den Vorteil, dass es sich in aller Ruhe und ohne Mitwirkung von Erben verfassen lässt. Dabei müssen Sie die Pflichtteile beachten (ein Testamentsmuster finden Sie im Anhang).

Damit Ihr Testament gültig ist, müssen Sie es von Anfang bis Ende von Hand verfassen, datieren und unterschreiben. Zusätze oder Unterschriften Ihres Ehepartners oder anderer Erben haben darin nichts zu suchen! Möchten Eheleute sich gegenseitig begünstigen, muss jeder für sich ein eigenes, handgeschriebenes Testament aufsetzen. Oder sie wählen die Form des Erbvertrags und wenden sich an ein Notariatsbüro (siehe linke Seite).

Menschen, die Mühe haben, von Hand zu schreiben, oder das Formulieren ihrer Wünsche lieber Experten überlassen, können ein öffentliches Testament errichten. Öffentlich heisst nicht, dass die Allgemeinheit von Ihrem letzten Willen erfährt. Es bedeutet, dass Ihr Testament nach Ihren Wünschen und in Ihrem Beisein von einer Notarin aufgesetzt und von ihr sowie zwei Zeugen, meist Notariatsangestellten, beurkundet wird. Die beiden Testamentsarten unterscheiden sich nur in der Form. Die eine hat nicht mehr Gewicht als die andere.

> **TIPP** *Ist zu befürchten, dass einzelne Erben später Ihr Testament anfechten und behaupten, Sie seien beim Verfassen nicht urteilsfähig gewesen, sollten Sie besser ein öffentliches Testament machen. Der Notar und die Zeugen hätten schliesslich bemerken müssen, dass Sie nicht verfügungsfähig sind.*

Der Willensvollstrecker

Um sicherzugehen, dass Ihrem Testament Folge geleistet wird, können Sie einen Willensvollstrecker einsetzen. Das kann ein Erbe sein, zum Beispiel Ihre Ehefrau, Ihr Mann, oder auch ein Nichterbe, etwa ein juristisch gewandter Freund oder eine Anwältin.

Der Willensvollstrecker hat sich bis zur Teilung um alle Geschäfte der Hinterlassenschaft zu kümmern: Er begleicht die Erbschaftsschulden, richtet Vermächtnisse aus, bewirtschaftet den Nachlass und bereitet die Teilung der Erbschaft nach Ihren Anordnungen vor. Nur er allein hat Zugriff auf den Nachlass. Der Willensvollstrecker hat Anspruch auf eine angemessene Entschädigung. Sinnvoll ist es, wenn Sie sein Honorar im Testament festlegen, am besten in Form eines Stundenlohns (siehe auch Seite 158).

Der richtige Aufbewahrungsort

Es ist wichtig, dass man das Testament nach dem Tod schnell finden kann. Wenn Sie es zu Hause aufbewahren, legen Sie es am besten ins Familienbüchlein/zum Familienausweis oder zum Schriftenempfangsschein. Sie können das Dokument auch einer Vertrauensperson zur Aufbewahrung übergeben oder es bei einer amtlichen Stelle im Kanton gegen Gebühr hinterlegen. Welche Stelle das ist, erfahren Sie auf der Gemeindekanzlei. Beim Erbvertrag und beim öffentlichen Testament sorgt der Notar zusätzlich für die amtliche Aufbewahrung eines Exemplars.

Die Ehefrau, den Ehemann absichern

Hat ein Ehepaar keine Kinder, erben die Eltern und allenfalls Geschwister. So sieht es die gesetzliche Erbfolge vor. Was aber gilt, wenn man diese gesetzlichen Erben von der Erbfolge ausschliessen möchte?

Bei Ehepaaren mit Kindern geht die eine Hälfte des Nachlasses an den hinterbliebenen Ehepartner, die andere an die Kinder. Viele Paare möchten allerdings, dass ihre Kinder erst nach dem Tod beider Elternteile erben. Wer seine letzten Dinge anders regeln will, als es das Gesetz vorsieht, muss folglich aktiv werden, sei es per Testament, per Erb- und/oder Ehevertrag.

 INFO *Die gleichen Regeln gelten auch für homosexuelle Paare, die in eingetragener Partnerschaft leben. Sie sind seit dem 1. Januar 2007 den verheirateten Paaren erbrechtlich gleichgestellt.*

Zuerst: die güterrechtliche Teilung

Oft vergisst man einen wichtigen Punkt: Vor der erbrechtlichen kommt die güterrechtliche Teilung. Das bedeutet, dass die Ehefrau, der Ehemann nicht das ganze eheliche Vermögen mit den Miterben teilen muss. Ein Teil wird vorab nach den güterrechtlichen Regeln ausgesondert und gehört ohnehin dem hinterbliebenen Ehegatten. Der Rest des Vermögens fällt in den Nachlass des oder der Verstorbenen, und nur an diesem Nachlass sind die anderen Erben beteiligt.

Klar voneinander zu unterscheiden sind dabei die eigentumsrechtliche und die güterrechtliche Ebene. Das Eigentumsrecht bestimmt, wem ein Vermögenswert gehört; das Güterrecht klärt, wie der hinterbliebene Ehepartner und der Nachlass wertmässig beteiligt sind. Nur die Vermögenswerte, die dem Verstorbenen gehörten, fallen physisch in den Nachlass und werden unter den Miterben geteilt. Ist der güterrechtliche Anteil des Nachlasses grösser als der Wert der Nachlassgegenstände, muss der hinterbliebene Ehegatte seine Miterben auszahlen.

MORITZ E. IST IM GRUNDBUCH als Alleineigentümer der ehelichen Liegenschaft eingetragen. Finanziert wurde das Eigenheim mit dem Ersparten aus seinem Arbeitslohn. Stirbt seine Frau, haben die Kinder keine Chance, das Haus als Eigentum zu beanspruchen; es fällt physisch nicht in den Nachlass. Aber güterrechtlich – also in Franken – ist der Nachlass zur Hälfte am Haus beteiligt, weil es mit Mitteln der Errungenschaft finanziert wurde (siehe weiter unten). Haben die Eheleute nicht vorgesorgt, muss Moritz E. seinen Kindern ein Viertel des aktuellen Verkehrswerts auszahlen.

DIE AUFTEILUNG DES EHELICHEN VERMÖGENS

Eigengut	Errungenschaft
Persönliche Gegenstände wie Kleider, Schmuck, Hobbyausrüstung	Ersparnisse aus Einkommen wie Arbeitserwerb, Renten, Vermögensertrag
Alles, was einem schon vor der Ehe gehörte	Entschädigung wegen Arbeitsunfähigkeit
Schenkungen, Erbschaften und/oder Erbvorbezüge, die man vor oder während der Ehe erhalten hat	Erträge des Eigenguts (zum Beispiel Bankzinsen)
Ersatzanschaffungen oder Investitionen mit Mitteln des Eigenguts	Ersatzanschaffungen oder Investitionen mit Mitteln der Errungenschaft

---

Die Errungenschaftsbeteiligung

Die meisten Ehepaare haben keinen Ehevertrag abgeschlossen. Dann gilt der ordentliche Güterstand der Errungenschaftsbeteiligung. In den Nachlass fallen – umgerechnet in Franken – das Eigengut des Verstorbenen und die Hälfte der Errungenschaft der Eheleute. Das Eigengut der hinterbliebenen Seite und die andere Hälfte der Errungenschaft gehören von vornherein dem überlebenden Ehegatten (wie sich diese Posten berechnen, zeigt das Beispiel auf Seite 170).

Begünstigung für Ehepaare ohne Kinder

Vater und Mutter können zusammen einen Achtel Ihres Nachlasses als Pflichtteil beanspruchen (siehe Seite 20). Herrscht ein gutes Familienklima, sind die Eltern oft bereit, zugunsten der Schwiegertochter oder des Schwiegersohns auf ihren Pflichtteil zu verzichten. Ein solcher Erbverzicht ist nur in der Form des Erbvertrags gültig. Die Eltern müssten den Verzicht also vor dem Notar und im Beisein zweier Zeugen erklären.

Wenn Sie Ihre Eltern nicht zum Notar bemühen möchten und ihnen vertrauen, können Sie Ihre Ehefrau, Ihren Mann im Testament als Alleinerben einsetzen. Fordern die Eltern ihren Pflichtteil nicht innert eines Jahres nach dem Tod, gilt das Testament. Wenn Sie auf Nummer sicher gehen möchten, können Sie die Pflichtteile der Eltern mittels Ehevertrag legal umgehen. Dafür müssen Eheleute eine Urkundsperson, in der Regel einen Notar, aufsuchen.

> **BUCHTIPP**
>
> Das Güterrecht beeinflusst die Erbteilung erheblich. Auch gilt nicht für alle Ehepaare die Errungenschaftsbeteiligung. Mehr Infos zum Thema Güterrecht finden Sie im Beobachter-Ratgeber **«Trau dich! Das gilt in der Ehe. Finanzen, Kinder, Partnerschaft – was Eheleute wissen müssen».**
>
> www.beobachter.ch/buchshop

Und die anderen Verwandten?

Sind Ihre Eltern schon gestorben, erben Ihre Geschwister oder Neffen und Nichten. All diese Personen haben keinen Anspruch auf Pflichtteile. Sie können also Ihrer Ehefrau, Ihrem Mann den ganzen Nachlass vermachen – am besten per handgeschriebenem Testament, in dem Sie den Ehepartner als Alleinerben einsetzen. Hinterlassen Sie keine Verwandten aus dem elterlichen Stamm, brauchen Sie nichts zu unternehmen; der überlebende Ehegatte ist dann automatisch Alleinerbe.

Begünstigung für Ehepaare mit Kindern

Nach Gesetz muss die Witwe oder der Witwer den Nachlass mit den Kindern des oder der Verstorbenen teilen. In diesen Nachlass fallen das Eigengut des Verstorbenen und die Hälfte der ehelichen Errungenschaft. In einem Ehevertrag können Sie aber auch etwas anderes bestimmen, etwa dass der überlebende Ehegatte die gesamte Errungenschaft erhalten soll. Besteht das eheliche Vermögen vorwiegend aus Errungenschaft – aus Vermögen also, das beide während der Ehe gemeinsam erarbeitet haben –, erreichen Sie damit, dass nichts oder nur wenig in den Nachlass geht. Mit dieser Bestimmung können Sie die Pflichtteile Ihrer gemeinsamen Kinder legal umgehen. Ein solcher Ehevertrag muss öffentlich beurkundet sein.

VERA UND GERD K. HABEN ZWEI TÖCHTER. Als Gerd K. stirbt, liegen auf seinem Lohnkonto 10 000 Franken, auf dem Sparkonto 40 000 Franken. Eigengut ist nicht vorhanden. Vera K. hat vor einigen Jahren das Haus ihrer Eltern geerbt, Wert: 400 000 Franken. Auf ihrem Lohnkonto liegen 5000 Franken. Die K.s haben keinen Ehevertrag. Damit beträgt der Nachlass von Gerd K. total 27 500 Franken (siehe Kasten, Seite 30). Davon erhält die Witwe 13 750 Franken, die beiden Töchter erhalten je 6875 Franken.

DER NACHLASS VON GERD K.

	Eigengut Gerd	Errungenschaft Gerd	Errungenschaft Vera	Eigengut Vera
Eheliches Vermögen	0	50 000	5000	400 000
In den Nachlass fällt	0	½ = 25 000	½ = 2500	0
Total Nachlass		27 500		

Haben die Eheleute K. in einem Ehevertrag vereinbart, dass die hinterbliebene Seite die gesamte Errungenschaft erhält, fällt gar nichts in den Nachlass. Zwischen Mutter und Töchtern gibt es somit nichts zu teilen.

Anders sähe es aus, wenn Vera K. verstorben wäre. Trotz Ehevertrags würden 400 000 Franken, ihr Eigengut, in den Nachlass fallen, und die Töchter könnten davon 200 000 Franken beanspruchen. Wollen Sie in einem solchen Fall den Anteil der Kinder schmälern, können Sie Ihre Nachkommen in einem Testament oder via Zusatz zum Ehevertrag auf den Pflichtteil setzen. Dann erhalten die Kinder vom Nachlass statt der Hälfte nur drei Achtel. Die restlichen fünf Achtel gehen an den überlebenden Ehegatten.

Die Möglichkeit der Nutzniessung

Besitzen Sie eine Liegenschaft, können Sie Ihre Ehefrau, Ihren Mann gegenüber gemeinsamen Kindern auch mit folgender Variante sinnvoll bevorzugen: Sie können ihr oder ihm alles zur Nutzniessung oder maximal einen Viertel zu Eigentum und drei Viertel zur Nutzniessung zuweisen. Bei der Nutzniessung sind zwar die Kinder Eigentümer, sie können ihre Rechte aber faktisch erst ausüben, wenn der hinterbliebene Ehegatte gestorben ist oder auf die Nutzniessung verzichtet.

GUT ZU WISSEN *Der Nutzniesser darf die Vermögenswerte weder verkaufen noch verschenken noch belasten. Er darf sie auch nicht weitervererben, sondern nur den Nutzen daraus ziehen. Bei Bankguthaben oder Wertschriften darf er den Zins oder die Dividende einstreichen; eine Liegenschaft darf er bewohnen, oder aber er kassiert den Mietzins.*

Zusätzlich können Sie mit einer Teilungsvorschrift Ihrem Ehemann, Ihrer Frau bestimmte Vermögenswerte – zum Beispiel das Haus oder die Eigentumswohnung – unter Anrechnung an ihren Erbteil zusprechen. Sinnvoll ist es auch, den Ehepartner als Willensvollstrecker einzusetzen. Damit hat er rasch alleinigen Zugriff auf den gesamten Nachlass und kann die Teilung so vornehmen, wie Sie es im Testament gewünscht haben.

Was gilt bei nicht gemeinsamen Kindern?

Die Pflichtteile von nicht gemeinsamen Kindern lassen sich nicht per Ehevertrag umgehen. Sind die Kinder volljährig, also über 18, können Sie gemeinsam einen Erbvertrag abschliessen (siehe Seite 24). So lässt sich am besten eine für alle Seiten befriedigende Lösung finden.

Kommt ein Erbvertrag aus irgendwelchen Gründen nicht infrage, können Sie in einem Testament die Erbquote der Kinder auf das Minimum von drei Achteln des Nachlasses fixieren. Je nach Zusammensetzung der Gütermassen lässt sich durch einen Ehevertrag auf Gütergemeinschaft der Pflichtteil der Kinder noch etwas mehr reduzieren. Lassen Sie sich dazu von einer Anwältin oder von einem Notar beraten.

Vorsorgen durch Versicherungen

Bei den finanziellen Folgen eines Todesfalls geht es einerseits um die Verteilung der vorhandenen Mittel, anderseits gehört auch die Vorsorge mit zusätzlichen Instrumenten dazu. Ein solches Instrument ist die Todesfallversicherung. Doch zuerst müssen Sie das eigene Risiko analysieren: Kommt die Familie nach einem Todesfall finanziell über die Runden? Kann die Partnerin den finanziellen Verpflichtungen allein nachkommen? Diesen Fragen sollten Sie vor dem Abschluss einer Versicherung in Ruhe nachgehen.

NACH DEM TOD IHRES MANNES KANN IRIS T. das eheliche Haus im Wert von 800 000 Franken übernehmen. Sie muss aber seinen Kindern aus erster Ehe 300 000 Franken auszahlen. Die Stiefkinder pochen auf baldige Auszahlung. Woher soll Frau T. das Geld nehmen?

RATSAM: EIN EIGENES KONTO

Erfährt die Bank vom Tod ihres Kunden, sperrt sie in der Regel vorsorglich das Konto – da nützt auch eine Vollmacht der Witwe oder des Witwers nichts. Die Sperrung wird erst nach Vorlage eines Erbscheins und dem Einverständnis aller darauf aufgeführten Personen aufgehoben. Das kann mehrere Wochen dauern.

Um Engpässe zu vermeiden, ist je ein eigenes Konto für Mann und Frau ratsam oder ein gemeinsames Und/oder-Konto mit Erbenausschlussklausel, das auf beider Namen lautet. Einen raschen Zugriff auf das Konto des Verstorbenen können Sie Ihrem Ehepartner verschaffen, indem Sie ihn im Testament als Willensvollstrecker einsetzen. ■

Um finanzielle Engpässe zu vermeiden, können Sie zugunsten Ihres Ehemanns, Ihrer Frau eine Todesfallversicherung (ohne Sparanteil) abschliessen. Die vertraglich festgelegte Todesfallsumme fällt nicht in den Nachlass, muss also nicht mit den übrigen Erben geteilt werden. Lassen Sie sich von einer unabhängigen Stelle beraten. Unabhängig heisst, dass der Berater Produkte verschiedener Versicherungen anbietet. Vergleichen Sie die Angebote und wählen Sie das Versicherungsprodukt, das Ihre Bedürfnisse am besten abdeckt (Adressen finden Sie im Anhang).

Versicherungen überprüfen

Haben Sie vor längerer Zeit eine Versicherung abgeschlossen? Dann empfiehlt es sich, ab und zu die Police zu überprüfen. Vielleicht haben sich Ihre Lebensumstände verändert und Sie möchten andere als die in der Police vermerkten Personen begünstigen. Um etwas zu ändern, kontaktieren Sie die Versicherungsgesellschaft.

TIPP *Ob Versicherungspolice, Testament, Ehe- oder Erbvertrag – wer nach Ihrem Tod mit der Regelung Ihres Nachlasses betraut ist, ist dankbar für eine Zusammenstellung der Orte, an denen sich Ihre wichtigsten Dokumente und Wertsachen befinden. Eine Liste zum Ausfüllen finden Sie im Anhang.*

Den Lebenspartner absichern

Konkubinatspaare sind keine Seltenheit mehr. Auch ältere Menschen entschliessen sich häufiger, ohne Trauschein zusammenzuleben – zum Beispiel, weil sie finanziell unabhängig bleiben oder die Erbfolge nicht unnötig komplizieren wollen.

Eines muss Betroffenen bewusst sein: Wer im Konkubinat lebt, muss viel mehr regeln als ein Ehepaar. Denn Konkubinatspartner geniessen keinen gesetzlichen Schutz, was Erbrecht oder Witwenrente betrifft.

INFO *Sämtliche Regeln und Empfehlungen in diesem Teil gelten auch für homosexuelle Paare, die nicht in einer eingetragenen Partnerschaft leben.*

Kein gesetzliches Erbrecht

Die Lebensgefährtin, der Konkubinatspartner gehört nicht zum Kreis der gesetzlichen Erben. Um sie oder ihn zu begünstigen, brauchen Sie entweder ein Testament oder einen Erbvertrag. Dabei müssen Sie aber die Pflichtteile beachten (siehe Seite 19).

MICHAEL P. VEREINBART MIT SEINER LEBENSGEFÄHRTIN Sandra C. und seinen erwachsenen Kindern Alexa und Patrick per Erbvertrag, dass die Kinder bei seinem Tod je 10 000 Franken ausgezahlt erhalten. Sandra C. erhält den gesamten restlichen Nachlass als Vorerbin. Erst bei ihrem Tod fällt der Rest des Vorerbes an die Kinder. Als Dank für dieses Zuwarten ist weiter vereinbart, dass auch die gesamte verfügbare Quote von Sandra C.s Nachlass zu gleichen Teilen an Alexa und Patrick geht. So erhalten die Kinder beim Tod des Vaters zwar nicht ihren ganzen Pflichtteil, für den Verzicht werden sie aber entschädigt, weil sie auch seine Lebensgefährtin beerben.

Achtung: Erbschaftssteuern!
Ehegatten und eingetragene Partner müssen heute keine Erbschaftssteuern mehr zahlen, wenn ein Partner stirbt. Einzig der Kanton Solothurn erhebt eine Nachlasstaxe auf den gesamten Nachlass.

Anders sieht es für nichteheliche Lebensgemeinschaften aus. Mit Ausnahme von Schwyz, Nidwalden, Obwalden, Uri und Zug verlangen alle Kantone Steuern, wenn der Lebenspartner oder die Lebenspartnerin erbt. In den meisten Kantonen sind es um die 30 Prozent der geerbten Summe. Erbschaftssteuern werden in dem Kanton gezahlt, in dem der Erblasser seinen Wohnsitz bzw. seine Liegenschaften hatte.

Begünstigung in der 2. Säule

Das Bundesgesetz über die berufliche Vorsorge (BVG), auch 2. Säule genannt, schreibt keine Leistungen an den Lebenspartner und die Lebenspartnerin vor. So fällt das Altersguthaben einer kinderlosen und ledigen Person bei deren Tod an die Pensionskasse. Fortschrittliche Kassen richten freiwillig Todesfallleistungen an hinterbliebene Partner aus.

TIPP *Erkundigen Sie sich bei Ihrer Pensionskasse, ob und wie Sie Ihren Partner begünstigen können. Manche Kassen verlangen zum Beispiel eine schriftliche Begünstigungserklärung.*

Freizügigkeitskonten

Wenn Sie nicht einer Pensionskasse angeschlossen sind, besitzen Sie unter Umständen ein Freizügigkeitskonto oder eine Freizügigkeitspolice. Diese Guthaben kann der hinterbliebene Lebenspartner erhalten, wenn eine der folgenden Voraussetzungen erfüllt ist:

- Der Hinterbliebene wurde zu Lebzeiten von der verstorbenen Partnerin erheblich unterstützt. Das wäre etwa dann der Fall, wenn er für den Haushalt zuständig war und die verstorbene Partnerin für die Lebenskosten beider aufkam. Dass das so war, muss der Partner nachweisen können. Hilfreich sind eine entsprechende Abmachung im Konkubinatsvertrag sowie Zahlungsbelege für die grössten Haushaltsposten wie Miete oder Hypothekarzinsen.
- Der hinterbliebene Partner muss für den Unterhalt eines gemeinsamen Kindes aufkommen.
- Zum Zeitpunkt des Todes der Partnerin bestand die Lebensgemeinschaft seit mindestens fünf Jahren.

Ist keine dieser Voraussetzungen erfüllt, erhalten die nächsten gesetzlichen Erben der verstorbenen Partnerin das Guthaben; der Lebensgefährte geht leer aus.

Wenn der Partner eine dieser Bedingungen erfüllt, muss er das Guthaben allenfalls teilen: mit einem Nochehemann seiner Partnerin, ihrem Exmann oder ihren minderjährigen respektive in Ausbildung befindlichen Kindern. Das können Sie verhindern, indem Sie gegenüber der Vorsorgeeinrichtung schriftlich erklären, dass Ihr Lebenspartner respektive Ihre Lebenspartnerin das Guthaben erhalten soll. In einer solchen Erklärung lässt sich auch festlegen, wer welchen Anteil bekommt (ein Musterbrief findet sich im Anhang).

Auch wenn Sie keine Kinder, keine Witwe und keinen Exgatten hinterlassen, sollten Sie der Vorsorgeeinrichtung den Namen Ihres Partners, Ihrer Partnerin mitteilen, damit das Geld im Todesfall rasch ausgezahlt werden kann.

 INFO *Das Bundesgericht hat festgelegt, dass Zahlungen aus der 2. Säule nicht zum Nachlassvermögen gehören. Die Partnerin oder der Partner ist also nicht dazu verpflichtet, ihren respektive seinen Anteil mit den Erben zu teilen.*

Begünstigung in der Säule 3a

Erwerbstätige können mit der Säule 3a steuerbegünstigt sparen. Sie können wählen zwischen einem Vorsorgekonto bei einer Bank und einer Versicherungspolice. Die ersparten Guthaben dürfen – ausser in wenigen Ausnahmefällen – frühestens fünf Jahre vor dem ordentlichen Pensionsalter bezogen werden.

Guthaben der Säule 3a können Sie im Gegensatz zu Freizügigkeitsguthaben Ihrem Partner nicht vermachen, solange Sie noch verheiratet sind. Sind Sie nicht verheiratet, wird das Guthaben laut Gesetz direkt an die Partnerin ausgezahlt, wenn – wie bei den Freizügigkeitsguthaben – eine der folgenden Voraussetzungen erfüllt ist:

- Die Hinterbliebene wurde zu Lebzeiten vom verstorbenen Partner erheblich unterstützt.
- Sie muss für den Unterhalt eines gemeinsamen Kindes aufkommen.
- Zum Todeszeitpunkt bestand die Lebensgemeinschaft seit mindestens fünf Jahren.

Haben Sie Kinder und erfüllt Ihre Lebenspartnerin eines der drei Kriterien, können Sie gegenüber der Bank oder Versicherung schriftlich erklären, wie viel an die Kinder und wie viel an die Lebenspartnerin gehen soll. Sie

---

WER SORGT FÜR DIE MINDERJÄHRIGEN KINDER?

Wenn Mutter und Vater die gemeinsame elterliche Sorge haben, erhält beim Tod eines Elternteils automatisch der andere das alleinige Sorgerecht. Wenn beide Eltern gleichzeitig sterben, erhalten Kinder, die noch nicht 18-jährig sind, einen Vormund. Hat nur ein Elternteil das Sorgerecht, erhalten die Kinder bei dessen Tod entweder einen Vormund oder die elterliche Sorge wird dem anderen Elternteil übertragen.

Zuständig ist die Kindes- und Erwachsenenschutzbehörde (KESB) am Wohnsitz der Kinder. Den Entscheid können Sie massgeblich beeinflussen, indem Sie frühzeitig einen Vormund Ihres Vertrauens schriftlich vorschlagen. Legen Sie ein Exemplar dieses Schriftstücks ins Familienbüchlein/zum Familienausweis oder zum Schriftenempfangsschein, händigen Sie ein zweites Ihrem Wunschvormund aus. Die Behörde ist zwar nicht an Ihre Wünsche gebunden, muss sie aber berücksichtigen, wenn keine wichtigen Gründe dagegensprechen. Einen Musterbrief finden Sie im Anhang.

können Ihrer Partnerin auch alles vermachen.

Erfüllt die Lebenspartnerin (noch) keine der drei Voraussetzungen, können Sie ihr das Guthaben nur vermachen, wenn Sie keine Kinder haben. Dazu müssen Sie die Partnerin in einem Testament als Erbin einsetzen und zusätzlich gegenüber der Bank oder Versicherung eine schriftliche Begünstigungserklärung abgeben (Muster im Anhang).

Anders als bei der 2. Säule kann die Begünstigung des Lebenspartners mit Geldern der Säule 3a die Pflichtteile der Kinder – oder wenn keine Kinder da sind: die der Eltern – verletzen. Bei Versicherungsprodukten können die Pflichtteilserben aber nicht verhindern, dass das Guthaben an den Lebenspartner überwiesen wird. Beanspruchen sie einen Anteil, müssen sie klagen, was viele dann doch bleiben lassen. Im Falle des Vorsorgekontos lautet die herrschende Lehrmeinung, dass die Zahlung nicht direkt an den Begünstigten gehen dürfe. Das Bundesgericht hingegen unterscheidet hier nicht. Danach ist die direkte Auszahlung an den Begünstigten bei beiden Produktarten zulässig (Urteil 9C_523/2013 vom 28. Januar 2014).

Nicht geklärt ist, ob stets eine Begünstigungserklärung in Testamentsform erforderlich ist, wenn die Guthaben an den Lebenspartner gehen sollen. Am besten bereiten Sie zur Sicherheit eine handschriftliche Begünstigung vor (siehe Muster im Anhang).

> **BUCHTIPP**
> Ausführlichere Informationen über die Begünstigungsmöglichkeiten im Konkubinat und zu allen anderen Fragen bezüglich Partnerschaft ohne Trauschein finden Sie in den Beobachter-Ratgebern **«Wie Patchworkfamilien funktionieren»** und **«Zusammen leben, zusammen wohnen».**
> www.beobachter.ch/buchshop

Vorsorgen durch Versicherungen

Paare ohne Trauschein können sich durch eine Todesfallversicherung noch zusätzlich absichern. Das drängt sich vor allem dann auf, wenn ein Paar Kinder hat, gemeinsame finanzielle Verpflichtungen eingeht oder sich im Alter etwas sicherer fühlen will. In einer Todesfallversicherung können Sie Ihren Partner, Ihre Partnerin begünstigten. Damit hat er beziehungsweise sie gegenüber der Versicherung einen direkten Anspruch, unabhängig davon, ob er oder sie auch erbberechtigt ist.

NICOLE H. UND BRUNO Z., EIN UNVERHEIRATETES PAAR, haben zusammen ein Eigenheim gekauft. Nicole stirbt unerwartet. Bruno ist nicht in der Lage, die Kosten für das Haus allein zu tragen. Er wird es rasch verkaufen und wegen der gesunkenen Immobilienpreise mit einem Verlust rechnen müssen.

Für dieses Paar ist der Abschluss einer Todesfallversicherung sinnvoll. Der im Vertrag begünstigte Partner erhält beim Tod des anderen eine fixe Summe. Das Geld fällt nicht in den Nachlass, muss also nicht mit den übrigen Erben geteilt werden. Auch Erbschaftssteuern fallen nicht an; die Kapitalauszahlung wird zu einem reduzierten Tarif als Einkommen versteuert. Lassen Sie sich beim Abschluss einer solchen Versicherung von einer unabhängigen Stelle beraten.

Was Alleinstehende wissen sollten

**Sie sind nicht (mehr) verheiratet und haben keine Kinder?
Dann erben Ihre Verwandten des elterlichen oder grosselterlichen Stamms. Aber deckt sich das auch mit Ihren Vorstellungen?**

Sollen einzelne Verwandte nichts erben oder nur eine bestimmte Sache oder Summe, müssen Sie aktiv werden und ein Testament aufsetzen. Sie müssen lediglich den Pflichtteil Ihrer Eltern beachten. Andere Verwandte erben nur, wenn im Testament nichts anderes verfügt wurde.

Die Erbabwicklung erleichtern

Je verzweigter die Verwandtschaft, desto aufwendiger die Abwicklung des Nachlasses und die Erbteilung. Denn alle Regelungen erfordern einstimmige Beschlüsse.

Mit einem Testament können Sie einfach vorsorgen. Soll der Kreis der Erben und Bedachten gross bleiben oder befürchten Sie, dass einzelne Erben mit der Abwicklung des Nachlasses überfordert wären, ist es ratsam, einen Willensvollstrecker einzusetzen (siehe Seite 26 und 158).

Anderseits lässt sich der Kreis der Erben nach Belieben verkleinern. Geschwistern und weiter entfernten Verwandten steht kein Pflichtteil zu. Deshalb können Sie sie im Testament ganz von der Erbfolge ausschliessen. Möchten Sie zum Beispiel, dass nur Ihr Patenkind erbt, reicht ein einziger Satz im Testament: «Ich setze mein Patenkind, Sabine Müller, zu meiner alleinigen Erbin ein.»

Das Vermächtnis

Sie können die Erbengemeinschaft auch verschlanken, indem Sie einzelnen Personen nur ein Vermächtnis, auch Legat genannt, ausrichten. Im Gegensatz zu den Erben gehört eine Vermächtnisnehmerin nicht zur Erbengemeinschaft. Damit haftet sie nicht für allfällige Erbschaftsschulden, hat aber auch nichts bei der Verwaltung und Teilung der Erbschaft zu sagen und erhält keinen Einblick in die Erbschaftsangelegenheiten. Die Erbengemeinschaft ist bloss verpflichtet, ihr das Vermächtnis auszurichten.

Vermachen kann man bestimmte Sachen wie den Konzertflügel oder ein Bild, eine bestimmte Geldsumme oder auch Rechte, etwa ein Wohnrecht. Nicht immer geht aus dem Testament klar hervor, ob der Erblasser ein Vermächtnis ausrichten wollte oder der Bedachte Erbe sein soll. Wählen Sie also eine eindeutige Formulierung, damit deutlich wird, wer Erbe und wer Vermächtnisnehmer ist.

FORMULIERUNG: VERMÄCHTNIS

«Ich, Silvia Gerber, geb. am 1.4.1944, Bürgerin von Basel, regle meinen Nachlass wie folgt:

1. Ich setze meine Schwester Hannelore Sieber-Gerber zu meiner alleinigen Erbin ein.
2. Aus meinem Nachlass hat sie folgende Vermächtnisse auszurichten:
   a) Fr. 10 000.– gehen an die Stiftung SOS Beobachter.
   b) Mein gesamter Schmuck geht an meine Schwester Sibylle Meier-Gerber.
   c) Das Bild von Miró erhält mein Schwager, Lukas Meier-Gerber.

3. April 2014, Silvia Gerber» ■

Keine Angehörige?

Wenn Sie keine Angehörigen hinterlassen, gestaltet sich die Bestattungs- und Nachlassabwicklung kompliziert. Die Behörden empfehlen deshalb, einen Bestattungswunsch zu hinterlassen und in einem Testament einen Willensvollstrecker für die Abwicklung des Nachlasses einzusetzen. Beide Dokumente hinterlegen Sie am besten bei der Wohngemeinde.

VORSORGEN FÜR DAS HAUSTIER

Möchten Sie Ihren Hund oder Ihre Katze im Todesfall bei einer Person Ihres Vertrauens wissen, sollten Sie sich mit dieser absprechen, um sicherzugehen, dass sie das Tier im Ernstfall zu sich nehmen wird. Sie können Ihrem Tier im Testament zwar nichts vermachen, es aber einer bestimmten Person vererben und festlegen, dass die neue Halterin eine gewisse Summe erhält mit der Auflage, das Geld für den Unterhalt des Tieres zu verwenden (siehe Mustertext im Anhang). ■

2

Vorsorgen für den Pflegefall

Ob wir unseren Lebensabend ohne fremde Hilfe verbringen dürfen, haben wir nur teilweise in der Hand. Wer sich aber rechtzeitig informiert, muss sich keine unnötigen Sorgen machen und kann gezielt vorsorgen. In diesem Kapitel lesen Sie, wie es sich mit Vollmachten verhält, welche Pflegemöglichkeiten es gibt und wie die Pflege finanziert wird.

Wohnen und Organisatorisches

Wenn die Kräfte nachlassen, eine Krankheit sich verschlimmert und die Geschäfte des Alltags sich nur noch mit Mühe bewältigen lassen, ist es an der Zeit, die richtigen Vorkehrungen zu treffen.

Manchmal kommt es ganz plötzlich. Durch einen Unfall oder einen Schlaganfall ist ein selbständiger Mensch – und sei es auch nur vorübergehend – auf Hilfe angewiesen. Doch Krankenkassenprämien und Wohnungsmiete wollen pünktlich bezahlt sein, Bargeld für die täglichen Besorgungen sollte zugänglich sein.

Auch das zukünftige Zuhause ist ein paar Gedanken wert. Wenn die Pflege des grossen Hauses mit Garten zu aufwendig ist, die Treppen zur Wohnung im dritten Stock zu beschwerlich werden, ist der Zeitpunkt gekommen, sich mit altersgerechten Wohnformen auseinanderzusetzen.

Die Vollmacht für Ihre Vertrauensperson

Eine rechtzeitig erteilte Vollmacht und ein Vorsorgeauftrag können vor finanziellen oder sonstigen Engpässen schützen. Wer früh genug eine Person seines Vertrauens mit einer Vollmacht ausstattet, sorgt doppelt vor: Er schützt sich vor bürokratischen Umtrieben und verhindert, dass sich die Behörden einschalten (müssen).

DER VERWITWETE KURT I. IST SCHWER KRANK. Er ist zwar geistig noch voll bei Kräften, kann aber die monatlichen Zahlungen und aufwendigen Abrechnungen der Krankenkasse nicht mehr erledigen. Er bittet seine Schwiegertochter Katja S., sich darum zu kümmern, und erteilt ihr eine Spezialvollmacht für die Krankenkasse und eines seiner Bankkonten.

In einer solchen Situation ist eine Spezialvollmacht das Richtige: Frau S. soll ihren Schwiegervater nur bei bestimmten Geschäften vertreten, nämlich gegenüber der Krankenkasse, und sie soll Geld beziehen können für die täglichen Einkäufe. Möchte Kurt I., dass ihn die Schwiegertochter generell, also in allen Rechtsgeschäften, vertritt, muss er ihr eine Generalvollmacht ausstellen.

Zwar ist auch eine mündlich erteilte Vollmacht gültig, aber damit sich Frau S. der Krankenkasse und der Bank gegenüber als Bevollmächtigte ausweisen kann, braucht sie eine schriftliche, vom Schwiegervater unterzeichnete Vollmacht. Eine notarielle Beglaubigung des Papiers ist dagegen nicht nötig (Vorlagen für eine Spezial- und eine Generalvollmacht finden sich im Anhang).

Sollen bevollmächtigte Personen über Konten verfügen oder eingeschriebene Sendungen abholen können, bestehen die Banken und die Post auf eigenen Formularen. Einzig Familienangehörige mit demselben Namen brauchen keine Vollmacht, um Postsendungen am Schalter abholen zu können. Die vorgedruckten Formulare erhalten Sie bei jeder Geschäftsstelle.

Das Erlöschen der Vollmacht

Jede Vollmacht erlischt mit dem Widerruf durch den Vollmachtgeber und, wenn nichts anderes festgehalten wurde, auch mit Eintritt seiner Handlungsunfähigkeit oder mit seinem Tod. Will Kurt I. sicherstellen, dass seine Schwiegertochter seine Geschäfte auch noch abwickeln kann, wenn er nicht mehr urteilsfähig oder gestorben ist, muss er dies in der Vollmachtsurkunde besonders vermerken und zusätzlich einen Vorsorgeauftrag errichten. Erben können eine über den Tod hinaus ausgestellte Vollmacht allerdings jederzeit widerrufen.

Der Vorsorgeauftrag

Seit dem 1. Januar 2013 kennt das Zivilgesetzbuch (ZGB) den Vorsorgeauftrag. Darin kann man vorsorglich für den Fall der Urteilsunfähigkeit eine Vertrauensperson mit der Personen- und/oder Vermögenssorge respektive mit der Rechtsvertretung beauftragen. Bis 2012 behalf man sich einer gewöhnlichen Vollmacht, die ausdrücklich auch bei Urteilsunfähigkeit weiterhin gelten sollte. Das Bundesgericht allerdings erachtete solche Vollmachten im Falle andauernder Urteilsunfähigkeit als ungültig. Deshalb ist es nun nötig, zusätzlich zu den bisherigen Vollmachten einen

Vorsorgeauftrag zu errichten. Er stellt sicher, dass Ihre Vertrauensperson auch für Sie tätig bleiben kann, wenn Sie länger oder dauernd urteilsunfähig sind.

Mit einem Vorsorgeauftrag haben Sie die Möglichkeit, die Person Ihres Vertrauens generell zu beauftragen oder Weisungen zu erteilen, beispielsweise wenn es darum geht, das Vermögen und das Einkommen zu verwalten. Sie können ihr damit das Recht einräumen, pflegerischen oder medizinischen Massnahmen zuzustimmen oder diese zu verweigern. Das empfiehlt sich besonders dann, wenn Sie keine Patientenverfügung erlassen haben. Oder Sie beauftragen die Vertrauensperson einfach mit dem Vollzug Ihrer Patientenverfügung. Wenn Sie die Vertrauensperson zusätzlich als Ihre Vertretung im Rechtsverkehr einsetzen, kann sie alle notwendigen Vorkehrungen treffen, insbesondere in Ihrem Namen Verträge eingehen oder kündigen.

Idealerweise bestimmen Sie im Vorsorgeauftrag auch, ob die beauftragte Person eine Entschädigung erhalten soll und wenn ja, in welcher Höhe.

INFO *Einen Vorsorgeauftrag müssen Sie wie ein Testament von Anfang bis Ende selber von Hand schreiben, datieren und unterzeichnen. Oder Sie lassen das Dokument öffentlich beurkunden. In den meisten Kantonen ist dafür eine Notarin zuständig. Ein Muster finden Sie im Anhang.*

Ein Vorsorgeauftrag wird erst wirksam, wenn Sie urteilsunfähig geworden sind. Ob das der Fall ist, muss die örtliche Erwachsenenschutzbehörde entscheiden. Dann händigt sie Ihrer Vertrauensperson – sofern sie das Mandat annimmt – eine Vollmachtsurkunde aus.

Solange Sie urteilsfähig sind, können Sie Ihren Vorsorgeauftrag jederzeit wieder aufheben oder abändern; am besten vernichten Sie die ungültige Urkunde. Sie können den Vorsorgeauftrag auch handschriftlich und mit Datum und Unterschrift versehen oder durch eine öffentliche Urkunde widerrufen. Oder Sie erstellen einen neuen Vorsorgeauftrag, der frühere Anordnungen widerruft.

TIPP *Übergeben Sie den Vorsorgeauftrag gleich Ihrer Vertrauensperson und/oder teilen Sie dem Zivilstandsamt den Hinterlegungsort mit.*

Die Befugnisse der Angehörigen

Seit 2013 sieht das ZGB ein gesetzliches Vertretungsrecht im Hinblick auf die üblichen Alltagsgeschäfte vor. Das gilt aber nur für Verheiratete oder eingetragene gleichgeschlechtliche Partner(innen). Kein solches Recht haben Konkubinatspaare, Kinder oder andere Verwandte. Sollen diese Angehörigen bei Urteilsunfähigkeit agieren können, braucht es zwingend einen Vorsorgeauftrag. Nur bei der Personensorge ist der Kreis der befugten Personen erweitert (siehe dazu Seite 76).

Der Beistand vom Staat

Wer würde sich um Zahlungen und Krankenkassenabrechnungen kümmern, wenn Kurt I. niemandem eine Vollmacht erteilt hätte und wegen seiner Krankheit nicht mehr ansprechbar wäre? Dann würde sich die Kindes- und Erwachsenenschutzbehörde (KESB) einschalten und einen amtlichen Beistand ernennen. Immer wenn eine volljährige Person nicht mehr selber handeln oder keinen Vertreter bestellen kann, tritt die Behörde auf den Plan. Dabei ist es durchaus denkbar, dass die KESB eine nahestehende Person als Beistand einsetzt, zum Beispiel den Sohn oder die Schwiegertochter. Voraussetzung ist allerdings, dass diese Person vertrauenswürdig und der Aufgabe gewachsen ist, dass keine Interessenkonflikte zu befürchten sind und dass sie das Amt auch übernehmen will.

> **BUCHTIPP**
>
> Eine vertiefte Auseinandersetzung mit dem Thema vermittelt der Beobachter-Ratgeber **«Erwachsenenschutz. Das neue Gesetz umfassend erklärt – mit Praxisbeispielen».**
>
> www.beobachter.ch/buchshop

Die beste Wohnform finden

Heute gibt es verschiedenste Wohnangebote für ältere oder gebrechliche Menschen. Selbständigkeit, Privatsphäre und nicht bloss «Versorgtsein» lautet das Prinzip. Je nach Gesundheitszustand und Ansprüchen unterscheidet man grob drei Kategorien:

■ Angebote mit **Schwerpunkt Wohnen,** zum Beispiel Alterswohnungen oder das Altersheim

- Angebote mit **Schwerpunkt Dienstleistung,** etwa eine Seniorenresidenz
- Angebote mit **Schwerpunkt Pflege** wie das Pflegeheim oder eine Pflegewohngruppe

Die Institutionen mit Schwerpunkt Wohnen bieten Zimmer oder kleinere Wohnungen an. Wer will, kann in der Alterswohnung wie bisher alles selber erledigen. Angeboten wird aber meist auch Vollpension; es gibt kulturelle Anlässe, und rund um die Uhr ist eine Pflegefachkraft für Notfälle anwesend. Diese Angebote sind für Menschen gedacht, die keine spezifischen Pflege- oder Betreuungsdienstleistungen benötigen.

Die Angebote mit Schwerpunkt Dienstleistung stellen sozusagen die Luxusversion dar. Hier wohnt man in Appartements mit Hotelservice und weiteren Dienstleistungen wie Wellness und gehobener Restauration.

Angebote mit Schwerpunkt Pflege sind auf Menschen zugeschnitten, die eine intensive Pflege und Betreuung rund um die Uhr benötigen. Auch hier gibt es verschiedene Wohnformen, Einzel- und Mehrbettzimmer.

Und immer häufiger findet man auch Mischformen aus Alterswohnungen, Wohn- und Pflegeheimen. Das hat den Vorteil, dass die Bewohner selbst bei zunehmender Pflegebedürftigkeit nicht umziehen müssen, sondern in der gewohnten Umgebung bleiben können.

> **BUCHTIPP**
> Mehr über die verschiedenen Möglichkeiten und auch über altersgerechte Anpassungen in den eigenen vier Wänden erfahren Sie im Beobachter-Ratgeber **«Wohnen und Pflege im Alter. Selbständig leben, Entlastung holen, Altersheim finanzieren».**
> www.beobachter.ch/buchshop

 TIPP *Lassen Sie sich von Profis beraten. Die Städte Luzern und Zürich zum Beispiel haben spezielle Fachstellen für das Wohnen im Alter eingerichtet. Auch Pro Senectute bietet Beratung in dieser Frage an. Hilfreiche Informationen liefern die Internetseiten www.infosenior.ch und www.heiminfo.ch.*

Gehen Sie es langsam und ruhig an

Haben Sie ein Angebot gefunden, das Ihnen zusagen könnte? Dann fangen Sie ganz sachte an: Gehen Sie regelmässig in der dortigen Cafeteria essen. Lernen Sie dabei die Bewohnerinnen und Bewohner und auch die Mitarbeitenden kennen. Spüren Sie dem Klima nach – und testen Sie, ob

Ihnen das Essen dort schmeckt. Vielleicht schliessen Sie bereits den einen oder anderen näheren Kontakt, entdecken Gemeinsamkeiten und machen bei der Jassrunde mit oder beim Tanznachmittag. Einzelne Institutionen bieten auch Hausbesichtigungen oder gar ein Probewohnen an.

Ist alles zu Ihrer Zufriedenheit und fühlen Sie sich wohl, suchen Sie das Gespräch mit der Leitung. Vielerorts können Sie sich auf eine Warteliste setzen lassen. Falls Ihnen das Ganze doch nicht zusagt, probieren Sie ein anderes Angebot aus. Dieses Vorgehen hat den Vorteil, dass Sie nicht «notfallmässig» in ein Heim müssen, das Ihnen ganz fremd ist – und es entlastet auch Ihre Angehörigen ganz entscheidend.

Welche Pflege wünschen Sie sich?

Jeden Verlust an Selbständigkeit empfinden wir gemeinhin als Versagen. Wenn trotz intensiver Rehabilitation oder wegen Altersgebrechen Defizite bestehen bleiben, stellt sich die Frage, wer sie auffangen soll.

Wer nach einer Krankheit oder einem Unfall plötzlich auf Hilfe angewiesen ist, muss das erst mal verdauen – jeder Mensch möchte selbständig sein, möglichst alles selber erledigen und autonom bestimmen können.

Wie selbstverständlich bietet sich da die Frau, die Tochter oder die Schwiegertochter an, die ja sowieso zu Hause ist. Schliesslich haben doch schon immer die Jungen die Alten gepflegt, und das ist gut gegangen – so die landläufige Meinung. Aber die pflegende Grossfamilie von früher ist ein Mythos. Die Menschen lebten nicht aus Solidarität eng zusammen, sondern weil sie wegen der damaligen wirtschaftlichen Bedingungen dazu gezwungen waren: Grosse Armut, wenig Platz, mangelnde Hygiene, einseitiges Essen und schlechte medizinische Versorgung waren für viele harte Realität. Wer damals pflegebedürftig wurde, lebte vielleicht noch wenige Wochen, maximal ein paar Monate.

Heute beträgt die durchschnittliche Pflegedauer rund sechs Jahre. Die besseren hygienischen Verhältnisse, der medizinische Fortschritt machen es möglich. Eine langjährige Pflege durch die Angehörigen allein ist aber weder Ihnen noch Ihren Lieben zumutbar. Deshalb sollten Sie einerseits prüfen, welche anderen Pflegemöglichkeiten es gibt, und anderseits klären, was Sie am liebsten möchten und welche Leistungen Ihre Angehörigen übernehmen können und wollen. Die folgende Auslegeordnung unterstützt Sie dabei.

Wenn Angehörige pflegen

Laut dem Schweizerischen Gesundheitsobservatorium des Bundesamtes für Statistik soll die Zahl der pflegebedürftigen alten Menschen von derzeit 125 000 schlimmstenfalls auf bis zu 230 000 im Jahr 2030 anwachsen. Schon heute pflegen Schätzungen zufolge 250 000 Menschen – davon zwei Drittel Frauen – ihre kranken Angehörigen. Rechtlich sind weder Kinder noch Lebenspartner zur Pflege verpflichtet. Ehepartner müssen einander zwar Beistand leisten, eine einklagbare Pflicht zur Pflege gibt es aber nicht.

Die Betreuung und Begleitung eines kranken Menschen ist eine anspruchsvolle, aufwendige Aufgabe. Dazu kann viel Schönes gehören: Dankbarkeit auf der einen Seite, Befriedigung auf der anderen Seite und eine tiefe gegenseitige Verbundenheit. Nicht immer aber ist es die beste Lösung, wenn ein Angehöriger die Pflege übernimmt. Es gibt Situationen, in denen das sogar der falsche Schritt wäre. Gegen die Übernahme Ihrer Pflege durch Angehörige spricht zum Beispiel, dass

- die vorgesehene Pflegeperson kräftemässig überfordert ist;
- es bessere Möglichkeiten der Pflege oder Betreuung gibt;
- die Person bereits anderweitig sehr beansprucht ist;
- finanzielle Interessen im Spiel sind – zum Beispiel Erbfragen;
- weitere Verwandte oder Freunde zur Übernahme der Pflege drängen.

Versprochen ist versprochen?

Hat Ihnen ein Familienmitglied, zum Beispiel Ihre Tochter, früher einmal versprochen, dereinst für Sie da zu sein? Fühlt sie sich jetzt verpflichtet, dieses Versprechen einzulösen? Bitte entbinden Sie Ihre Tochter davon.

Sie wollen doch nicht, dass sie Sie nur deswegen pflegt. Pflichtbewusstsein allein ist nicht die richtige Motivation für eine gute, symmetrische Pflegebeziehung. Versetzen Sie sich für einen Augenblick in die Lage der Person, die die Pflege übernehmen soll: Deren Leben war bisher auch bis zum Rand ausgefüllt – wer übernimmt dann ihre übrigen Aufgaben und Pflichten?

TIPP *Voraussetzung für eine erfolgreiche Pflege ist eine gute Beziehung zwischen Ihnen und dem Familienmitglied, das Sie möglicherweise pflegen wird. Wenn es versteckte Ressentiments oder alte Verletzungen gibt, die nie aufgearbeitet wurden, kann die Betreuung sehr schwierig werden (siehe auch Seite 111).*

Von Anfang an richtig

Wenn alle Bedenken ausgeräumt sind und Sie beide sich vorstellen können, diesen Weg einmal gemeinsam zu beschreiten, gehen Sie es professionell an: Laien können kaum einschätzen, was es bedeutet, die Pflege eines Kranken zu übernehmen. Es ist deshalb hilfreich, von einer Fachperson eine sogenannte Pflegebedarfsabklärung vornehmen zu lassen. Am Ende eines Krankenhausaufenthalts trifft oft das Spital, zusammen mit Ihnen und Ihren Angehörigen, eine solche Abklärung und erstellt einen Pflegeplan. Wer die Dienste der Spitex in Anspruch nehmen möchte, erhält ebenfalls eine professionelle Einschätzung (mehr dazu auf Seite 114).

Sie müssen akzeptieren, dass die Person, die Ihre Betreuung übernehmen soll, konkrete Vorstellungen hat, wenn es um die Frage geht, wie viel Zeit sie aufwenden will und wann sie freie Tage braucht. Pflegende brauchen dringend Erholungszeiten, sonst sind sie ihrer anstrengenden Aufgabe auf die Dauer nicht gewachsen. Steht fest, wie viel Ihre Hauptpflegeperson übernehmen wird, kann man abklären, wer die restliche Zeit abdeckt und welche Aufgaben zum Beispiel die Spitex übernimmt.

TIPP *Für Ihre Angehörigen ist es eine grosse Hilfe, zu wissen, dass Sie sich schon frühzeitig Gedanken darüber machen, was geschehen soll, wenn Sie später einmal Hilfe und Unterstützung benötigen. Bringen Sie die wichtigen Fragen zur Sprache: Von wem möchte ich betreut werden? Welche Art Pflege wünsche ich mir? Was mag ich gar nicht, was ist mir besonders wichtig?*

Was die Spitex leistet

Spitex bedeutet Hilfe, Gesundheits- und Krankenpflege zu Hause, also ausserhalb des Spitals oder Heims. Es gibt gemeinnützig organisierte und private, profitorientierte Spitex-Unternehmen.

Zu den von der Krankenkasse übernommenen Dienstleistungen gehören die Krankenpflege sowie die Bedarfsabklärung, die Beratung und die Koordination der notwenigen Leistungen. Bei der Krankenpflege unterscheidet die Spitex zwischen Grund- und Behandlungspflege: Unter Grundpflege versteht man Verrichtungen wie das Aufnehmen, das Waschen, das Anziehen und die Hilfe beim Essen. Zur Behandlungspflege gehören das Wechseln von Verbänden, das Setzen von Spritzen, das Legen von Drainagen und vieles mehr.

Daneben bietet die Spitex zahlreiche weitere Dienstleistungen an wie hauswirtschaftliche Unterstützung, sozialbetreuerische Begleitung, Fahrdienste oder Entlastung für pflegende Angehörige. Auf der Website des Spitex-Verbandes Schweiz finden Sie Details sowie die Adressen aller Spitex-Organisationen: www.spitex.ch.

Das übergeordnete Ziel der Spitex ist es, Menschen in ihrer gewohnten Umgebung, unter Einbezug aller Beteiligten, eine optimale Pflege und Begleitung zukommen zu lassen. Die Pflege wird nicht vollständig von der Spitex übernommen, sondern deren Dienstleistungen sind gedacht als Unterstützung der Angehörigen und anderer an der Pflege beteiligten Personen. «Tatsächlich verbringen wir rund eine Stunde pro Tag beim Patienten, für die übrigen 23 Stunden müssen weitere Personen präsent sein», betont eine Pflegefachfrau. In dieser einen Stunde übernimmt die Spitex die Pflegeverrichtungen (nach ärztlicher Verordnung), die fachgerechte Unterstützung bei der täglichen Körperpflege, die Beratung in Fragen der Gesundheitsförderung und -erhaltung. Wenn es dem Ende zugeht, leistet die Spitex intensivere Einsätze.

FRITZ W. WILL NACH EINER DARMOPERATION nach Hause, obwohl er schwer krank ist und Pflege braucht. Das ist möglich, weil sich seine Tochter bereit erklärt hat, die Pflege zu übernehmen – zusammen mit der Spitex. Vom ersten Augenblick an ist das Team der Spitex präsent, unterstützt die Tochter, vermittelt ihr alle wichtigen Informationen und berät sie bei der Pflege. Fritz W.

hat einen künstlichen Darmausgang, Stoma genannt. Er weiss, dass es keine Heilung mehr gibt und dass er allmählich Abschied nehmen muss. Auch bei diesem Prozess werden der Kranke und seine Tochter vom Spitex-Team begleitet.

Die Fachleute der Spitex können sich auch dafür einsetzen, dass ein Patient genügend Schmerzmittel bekommt oder dass die Pflegeleistungen ausgeweitet und weitere Fachpersonen (etwa Physio- oder Ergotherapeuten, Ernährungsberaterinnen) beigezogen werden.

Bei Krebs: ambulante Onkologiepflege

In einigen Kantonen wie Solothurn, Aargau, Basel, Schaffhausen und Bern gibt es – mit Unterstützung durch die Krebsliga – eine ambulante Onkologiepflege. Die Teams bestehen aus ausgewiesenen Pflegefachpersonen, die zusätzlich eine Nachdiplomausbildung in Onkologie absolviert haben. Sie arbeiten mit den lokalen Spitex-Diensten zusammen und beraten diese in allen Fragen rund um Krebserkrankungen. Hauptziel der Pflege ist Schmerzlinderung oder gar Schmerzfreiheit.

Zu den Aufgaben der Onkologie-Pflegefachperson gehört auch die Beratung bei den für die Krankheit typischen Beschwerden wie Übelkeit, Müdigkeit und Antriebslosigkeit. Für all diese Beschwerden kennt sie erprobte Gegenmassnahmen. In ihrer Weiterbildung hat sie zusätzliche Qualifikationen erworben und kann zum Beispiel Bluttransfusionen daheim durchführen.

ANTON H. LEIDET AN PROSTATAKREBS im fortgeschrittenen Stadium. Er wird zu Hause von seiner Frau betreut. Zusammen mit dem Team der ambulanten Onkologiepflege hat er die Art und das Ausmass seiner Schmerzen erfasst, worauf die Fachleute eine Schmerztherapie entwickelt und mit dem behandelnden Arzt abgesprochen haben. Die Medikamente verordnet der Arzt, aber es ist die Pflegefachfrau, die Anton H. regelmässig besucht und sicherstellt, dass die Therapie die Schmerzen wirklich lindert.

Krebs ist eine erschreckende Krankheit. Jeder Patient reagiert anders auf sie, wendet individuelle Bewältigungsstrategien an. Deshalb ist es zwar besonders wichtig, dass die Pflegeperson zwar immer prüft, wie sich die

Lebensqualität des Patienten verbessern lässt – was zur Lebensqualität gehört, bestimmt jedoch der kranke Mensch.

TIPP *Wenn Sie mit einer Krebserkrankung vom Spital nach Hause zurückkehren, nehmen Sie mit Vorteil möglichst rasch Kontakt mit der Krebsliga auf. Dort erfahren Sie, ob es in Ihrer Nähe eine ambulante Onkologiepflege gibt, oder Sie erhalten Adressen von freiberuflichen Pflegerinnen mit entsprechender Zusatzqualifikation (kostenlose Telefonnummer der Krebsliga: 0800 11 88 11).*

Privates Pflegepersonal

Die meisten Pflegebedürftigen würden am liebsten in den eigenen vier Wänden bleiben. Dank der Unterstützung der Familienangehörigen und der Spitex ist das für viele auch möglich. Eventuell reichen die täglichen Besuche der Spitex und die Kräfte der Angehörigen aber nicht mehr, damit für Sicherheit und Betreuung gesorgt ist. In diesem Fall können private Haus- und Betreuungsdienste ergänzend zur Spitex wertvolle Unterstützung bieten.

Je höher der Zeitbedarf für die Betreuung, desto aufwendiger und teurer wird es. Die Krankenkasse übernimmt jeweils nur die medizinische Behandlungspflege der Spitex; in zeitlicher Hinsicht deckt das bis zu eine Stunde pro Tag ab. Weitergehende Pflege und Betreuung und insbesondere Hilfe im Haushalt sind unter Umständen über die Ergänzungsleistungen, durch Hilflosenentschädigung oder eine Zusatzversicherung abgedeckt. Manchmal legt auch die Familie das nötige oder fehlende Geld zusammen.

Die Angebote der privaten Betreuungsdienste reichen von einigen Stunden bis zur 24-Stunden-Betreuung und -Pflege. Das kann pro Monat bis zu 9000 Franken oder mehr kosten.

TIPP *Bevor Sie sich für den Einsatz von privatem Betreuungspersonal entscheiden, sollten Sie eine Bedarfsabklärung vornehmen. So zeigt sich, welche Art der Unterstützung Sie benötigen und wie hoch der Zeitaufwand und damit die Kosten sind. Die lokale Spitex ist auf solche Abklärungen spezialisiert.*

Eine Bedarfsabklärung zeigt unter anderem, inwieweit Sie Pflegefachpersonen oder «nur» Hilfe im Haushalt und in der ergänzenden Betreuung benötigen. Das ist auch deshalb wichtig, weil Pflegepersonen eine Berufsausübungsbewilligung des kantonalen Gesundheitsamtes benötigen. Zu den bewilligungspflichtigen Leistungen zählt man in der Regel die Verrichtungen der Grund- und Behandlungspflege (siehe Seite 52); nicht bewilligungspflichtig sind Leistungen im Haushalt wie Raumpflege, Waschen, Kochen, Mithilfe bei der Betreuung oder Unterstützung bei der Bewältigung des Alltags.

 INFO *Die vollständige Liste von bewilligungspflichtigen Pflegetätigkeiten erhalten Sie beim zuständigen Gesundheitsamt.*

Die weiteren rechtlichen Rahmenbedingungen wie Arbeitszeit, Lohnzahlung oder Abrechnungspflicht gegenüber den Sozialversicherungen hängen davon ab, ob Sie eine selbständige Fachkraft engagieren, eine Agentur einschalten oder selber eine Betreuerin anstellen:

Modell 1: als Arbeitgeber auftreten

Stellen Sie selbst Personal ein, werden Sie Arbeitgeber. Dabei sind die strengen Arbeitszeitvorschriften des Arbeitsgesetzes für Privathaushalte nicht bindend. Zu beachten sind aber die Schutzbestimmungen des betreffenden kantonalen Normalarbeitsvertrags für hauswirtschaftliche Arbeitnehmer (NAV). In einem schriftlichen Arbeitsvertrag können Sie allerdings davon abweichende Regelungen treffen, diese Schutzbestimmungen also ausser Kraft setzen. Vertragsmuster finden Sie zum Beispiel im Anhang des Zürcher NAV oder beim SECO (Adressen im Anhang).

Nicht abweichen können Sie von den zwingenden Bestimmungen des Obligationenrechts (OR), die in den Artikeln 361 und 362 aufgeführt sind. Dazu zählt zum Beispiel das Recht auf mindestens einen freien Tag pro Woche und vier Wochen bezahlte Ferien pro Jahr. Ebenfalls einzuhalten sind die Mindestlöhne gemäss NAV Hauswirtschaft des Bundes. Eine ungelernte Hilfskraft erhält mindestens Fr. 18.55 pro Stunde zuzüglich Ferienentschädigung (Stand 2014). Wohnt eine Hausangestellte beim Arbeitgeber, dürfen für Kost und Logis maximal 33 Franken pro Tag beziehungsweise 990 Franken pro Monat als Naturallohn abgezogen werden (Stand 2014). Laut Bundesgericht ist auch Bereitschaftsdienst zu bezahlen, wobei der Lohn etwas tiefer sein darf als für die restliche Arbeitszeit. Übernachtet die Betreuerin zum Beispiel im Haus des Arbeitgebers, sodass sie nachts Betreuungs- und Pflegeaufgaben übernehmen könnte, gilt das als Bereitschaftsdienst.

GUT ZU WISSEN *Als Arbeitgeber ist man verpflichtet, Sozial-versicherungsbeiträge abzurechnen. Details dazu liefert das Merkblatt AHV Nr. 2.06 «Hausdienstarbeit» (www.ahv-iv.info). Bei Ausländern ohne C-Bewilligung besteht zudem eine Quellensteuer-pflicht. Achten Sie darauf, dass ausländische Staatsangehörige über eine Aufenthalts- und Arbeitsbewilligung verfügen. Wer sich eine Betreuerin durch eine Agentur vermitteln lässt, sollte abklären, ob sie eine staatliche Vermittlungs- und/oder Verleihbewilligung hat. Ist dies nicht der Fall, droht eine Busse von bis zu 40 000 Franken. Informationen erteilt das Staatssekretariat für Wirtschaft (SECO).*

Modell 2: eine Agentur beauftragen
Wenn Sie eine private Firma beauftragen, wird diese eine oder mehrere Personen zu Ihnen schicken, die die vereinbarten Tätigkeiten verrichten. Die eingesetzten Personen sind Angestellte der Firma. Diese hat dafür zu sorgen, dass die Höchstarbeitszeitvorschriften des Arbeitsgesetzes ein-gehalten werden: Pro Woche sind maximal 50 Stunden erlaubt. Über-nachtet die Betreuerin beim Auftraggeber zu Hause, sodass sie nachts Betreuungs- und Pflegeaufgaben übernehmen könnte, gilt das als Bereit-schaftsdienst und zählt zur Arbeitszeit.

Wohnen Betreuerinnen im betreffenden Haushalt, gelten die Sondervor-schriften zum Personalverleih. Die Betreuungskraft gilt weiterhin als von der Agentur angestellt. Diese hat den Gesamtarbeitsvertrag über den Per-sonalverleih einzuhalten.

TIPP *Achten Sie darauf, dass der Verleihbetrieb über eine kan-tonale Verleihbewilligung verfügt. Stammen die Betreuerinnen oder Pflegefachpersonen aus dem Ausland, muss der Verleihbetrieb zusätzlich eine eidgenössische Verleihbewilligung haben. Fehlen diese Bewilligungen, riskieren Sie eine Busse von bis zu 40 000 Franken. Gänzlich verboten ist der Verleih über einen ausländischen Verleih-betrieb.*

Modell 3: eine Privatperson beauftragen

Sie können auch direkt eine selbständige Fachkraft beauftragen. Ihre einzige Pflicht ist es, ihr ein Honorar zu zahlen; mit Arbeitnehmervorschriften oder Sozialversicherungen haben sie nichts zu tun. Sie sollten sich aber vergewissern, ob die Fachkraft von der AHV-Ausgleichskasse als selbständig erwerbend anerkannt ist. Lassen Sie sich auch die ausländerrechtliche Arbeitsbewilligung zeigen. Das gilt selbst dann, wenn eine Agentur Ihnen angeblich selbständig erwerbstätige Personen vermittelt, denn sonst kann es passieren, dass die AHV-Behörde Sie im Nachhinein als Arbeitgeberin qualifiziert. Dann sind Sozialversicherungsbeiträge nachzuzahlen und

---

RUNDUMBETREUUNG DURCH CARE-MIGRANTINNEN

Generelle Vorsicht ist bei Billigangeboten angesagt: Eine Rundumbetreuung für 2000 Franken pro Monat kann nicht seriös sein. Realistischer sind laut der Schweizerischen Alzheimervereinigung mindestens 6000 Franken. Die zahlreichen günstigeren Angebote, vor allem seitens der Agenturen, gibt es aufgrund der noch lückenhaften Rechtslage bei der Rundumbetreuung. Meist vermitteln sie Betreuerinnen aus Ostdeutschland oder Osteuropa. Diese leisten 90-tägige Einsätze in einem Schweizer Haushalt, danach werden sie gegen eine andere ausgetauscht. Dank des Freizügigkeitsabkommens mit der EU/EFTA braucht es für solche Kurzeinsätze keine Arbeitsbewilligung – eine Meldung beim Arbeitsamt reicht aus.

Welche Auswirkungen das Ja zur Initiative gegen die Masseneinwanderung vom Februar 2014 haben wird, bleibt abzuwarten. Tatsache ist, dass sich einzelne Schutzbestimmungen des Obligationenrechts wie zum Beispiel die Lohnzahlungspflicht bei Krankheit aushebeln lassen. Diese Frauen arbeiten für hiesige Verhältnisse zu Dumpingpreisen und verzichten auf den Schutz, den Ihnen die Normalarbeitsverträge und das Obligationenrecht eigentlich bieten würden. Verglichen mit den Erwerbsmöglichkeiten in ihrer Heimat verdienen sie eben immer noch gut. Der Nachteil für Personen, die diesen Dienst in Anspruch nehmen: Die Betreuungspersonen wechseln ständig, und manche der Frauen verrichten pflegerische Arbeit, ohne dafür ausgebildet zu sein. Hier gilt es also gut zu überlegen, was Sie sich leisten wollen.

Die Caritas und die Alzheimervereinigung suchen nach einem Mittelweg. Im Rahmen eines Pilotprojekts vermittelt die Caritas ausgebildete Pflegehelferinnen aus Rumänien. Die monatliche Betreuungspauschale beträgt 5500 Franken. Die Betreuerinnen leben im Haushalt und garantieren so auch eine gewisse Sicherheit. Es gibt aber eine klare Abgrenzung von Arbeitszeit, Freizeit und Präsenzzeit. Mehr Informationen unter: www.caritas.ch/de/hilfe-finden/alter-und-betreuung/zuhause-betreut/ ■

eventuell Quellensteuern abzurechnen. Ein Vertragsmuster und die Vermittlung von freiberuflichen Pflegefachleuten bietet zum Beispiel der Schweizerische Berufsverband der Pflegefachfrauen und Pflegefachmänner, kurz SBK (Adresse im Anhang).

Schwarzarbeit ist keine Lösung

Angesichts des Aufwands und der hohen Kosten könnte man auf die Idee kommen, eine Betreuerin im Heer der Sans-papiers zu suchen. Das ist verlockend, denn unter diesen Frauen gibt es Pflegerinnen, deren Ausbildung in der Schweiz nicht anerkannt wird, die aber fachlich und menschlich sehr wohl geeignet sind, sich geduldig und liebevoll um alte Menschen zu kümmern. Aber ohne Bewilligung ist das illegale und strafbare Schwarzarbeit (mehr Informationen finden Sie unter www.keine-schwarzarbeit.ch).

Die Versorgung im Pflegeheim

Frauen, die ein Familienmitglied gepflegt hatten, wurden in einer Studie gefragt, ob sie selber im Bedarfsfall von ihren Töchtern oder Schwiegertöchtern gepflegt werden wollten – keine einzige wollte das. Diese Frauen haben erfahren, dass es sich bei der Angehörigenpflege um eine Aufgabe handelt, die einen körperlich, psychisch und manchmal sogar finanziell an die äusserste Grenze bringen kann. Vielleicht möchten Sie aber so oder so nicht von den eigenen Angehörigen gepflegt werden, oder Sie haben keine Ihnen nahestehenden Personen, die dafür infrage kämen.

TIPP *Wissen Sie heute, ob die vorgesehene Pflegeperson tatsächlich in der Lage sein wird, die Aufgabe zu übernehmen, wenn es so weit ist? Unabhängig von Ihrer eigenen Situation sollten Sie sich vorsorglich darüber informieren, welche Wohnformen und Pflegemöglichkeiten es in Ihrer Umgebung gibt (mehr dazu auf Seite 47).*

Im Pflegeheim, in der Pflegeabteilung oder in einer Pflegewohngruppe erhalten Sie eine Vollversorgung. Dazu gehören in erster Linie ärztliche und pflegerische Dienstleistungen. Gewährleistet ist aber auch eine allenfalls notwendige Überwachung, zum Beispiel bei dementen Personen. Ausserdem unterstützen und begleiten gerontologisch geschulte Fachleute die Bewohnerinnen und Bewohner in der Gestaltung des Alltags. Je nach den individuellen Möglichkeiten sollen auch pflegebedürftige Menschen möglichst aktiv bleiben. Moderne Institute bieten deshalb ein ressourcen-orientiertes Kursprogramm für ihre Bewohner.

> **GUT ZU WISSEN** *Sie selbst – oder auch Ihre Angehörigen – können die Anmeldung fürs Pflegeheim vornehmen. Solange Sie noch urteilsfähig sind, darf man Sie aber nicht einfach gegen Ihren Willen einweisen. Nur bei massiver Selbst- oder Fremdgefährdung darf die Erwachsenenschutzbehörde eine Zwangseinweisung veranlassen.*

Die Pflegekosten

Wenn ich ins Pflegeheim muss: Wie soll ich das finanzieren? Diese Frage treibt viele ältere Menschen um. Schliesslich will man ja nicht der Allgemeinheit zur Last fallen.

Die Pflegekosten können sehr hoch sein – und zwar unabhängig davon, ob Sie zu Hause oder in einer Institution gepflegt werden. Und nicht alles wird von der Krankenkasse übernommen; den grössten Teil müssen Sie in der Regel selber finanzieren. Dabei sind die Renten der AHV und der Pensionskasse, die Hilflosenentschädigung und die Ergänzungsleistungen zur AHV- oder IV-Rente wichtige Geldquellen. Wenn diese nicht ausrei-chen, springt die Sozialhilfe ein. Wer das vermeiden möchte, wer sein Vermögen für seine Liebsten erhalten oder sich einen gewissen Luxus gönnen will, sollte sich frühzeitig mit dem Thema Pflegefinanzierung aus-einandersetzen.

Über Geld sprechen

Pflegende Familienmitglieder erbringen grossartige Leistungen. Die Kran-kenkassen allerdings zahlen nichts dafür. Das heisst jedoch nicht, dass die

Angehörigen nicht entschädigt werden sollen. Dank ihrer Arbeit lassen sich schliesslich die Ausgaben für die Pflege massiv reduzieren.

Auch wenn es Ihnen unangenehm ist, mit Ihren Angehörigen über Geld zu sprechen: Tun Sie es trotzdem! Viele Töchter, die sich bereit erklären, die Pflege der gebrechlichen Eltern zu übernehmen, wagen es nicht, das heikle Thema anzusprechen. Denn sie hoffen im Stillen, ihr oft jahrelanger Einsatz und ihre Bemühungen würden anerkannt, wenn es später einmal ums Erben geht. Das führt immer wieder zu Enttäuschungen, Unfrieden, Streitigkeiten.

Um solche unliebsamen Szenarien zu vermeiden, sollte man die finanziellen Aspekte unbedingt im Voraus an- und besprechen. In erster Linie gilt es zu vereinbaren, ob und zu welchem Tarif die Pflege entschädigt werden soll (mehr dazu auf Seite 66 und 116).

Was die Krankenkassen übernehmen

Seit dem 1. Januar 2011 sind die neuen Regelungen zur Pflegefinanzierung in Kraft. Danach zahlen die Krankenkassen für alle Heime in der Schweiz einheitliche Beiträge für die Pflege, abgestuft nach zwölf Pflegebedarfstarifen. Wenn sie im Pflegeheim leben, beschränkt sich der Eigenanteil der Patienten an diesen Pflegekosten auf Fr. 21.60 pro Tag respektive 7884 Franken pro Jahr (exklusive Franchise und Selbstbehalt). Bei Patienten, die sich zu Hause betreuen lassen, darf der Eigenanteil an den Spitex-Kosten maximal Fr. 15.95 pro Tag respektive Fr. 5821.75 pro Jahr betragen. Die restlichen Pflegekosten müssen die Kantone und Gemeinden finanzieren.

Wie der «Beobachter» schon 2011 berichtete (Ausgabe 3/2011), unterlaufen einzelne Kantone diese Vorgaben, indem Sie den Heimen nicht kostendeckende Tarife aufzwingen. Daher ist zu befürchten, dass einzelne Heime ungedeckte Pflegekosten den Heimbewohnern durch Pensionszuschläge oder Betreuungstaxen zusätzlich verrechnen. Der Preisüberwacher hat diese Praxis wiederholt kritisiert.

Wer sich dagegen wehren will, muss selber aktiv werden. Bereits ist es Angehörigen eines Heimbewohners im Kanton Baselland gelungen, sich erfolgreich beim Kantonsgericht zu wehren. Dieses hat die Regierung beauftragt, die Pflegekosten in deren Fall neu zu berechnen.

HEIMTARIFE UND ANTEILE DER KRANKENKASSE
am Beispiel des Altersheims Sonnhalde in Burgdorf

Pflege-stufe	Infra-struktur Betreu-ung, Ho-tellerie in Fr. pro Tag	Pflege-tarif in Fr. pro Tag	Anteil Kranken-kasse in Fr. pro Tag	Anteil Kanton in Fr. pro Tag	Anteil Bewoh-ner/-in an Pfle-gekos-ten in Fr. pro Tag	Anteil Bewoh-ner/-in total in Fr. pro Tag
0	140.00	0.00	0.00	0.00	0.00	140.00
1	140.00	10.35	9.00	0.00	1.35	141.35
2	140.00	31.00	18.00	0.00	13.00	153.00
3	140.00	51.70	27.00	3.10	21.60	161.60
4	140.00	72.35	36.00	14.75	21.60	161.60
5	140.00	93.05	45.00	26.45	21.60	161.60
6	140.00	113.70	54.00	38.10	21.60	161.60
7	140.00	134.40	63.00	49.80	21.60	161.60
8	140.00	155.05	72.00	61.45	21.60	161.60
9	140.00	175.75	81.00	73.15	21.60	161.60
10	140.00	196.40	90.00	84.80	21.60	161.60
11	140.00	217.10	99.00	96.50	21.60	161.60
12	140.00	237.75	108.00	108.15	21.60	161.60

TIPP *Lassen Sie sich von Ihrem Arzt alles verschreiben, was Sie brauchen: Spitex, Therapien, Beratung, Hilfsmittel wie Geh-hilfen oder Inkontinenzeinlagen. Denn ohne ärztliche Verschreibung beteiligt sich die Krankenkasse nicht an den Kosten. Und innerhalb der Grundversicherung übernimmt sie nur sogenannte Pflichtleistun-gen – Leistungen also, die auf der gesetzlichen Liste aufgeführt sind.*

61

Grundsätzlich gilt: Die Krankenkassen übernehmen aus der Grundversicherung nur die Kosten für die Grund- und die Behandlungspflege, ausgeführt von professionellem Personal – zum Beispiel von der Spitex. Die Leistungen pflegender Angehöriger werden nicht entlöhnt.

Ebenfalls nicht zu den Leistungen, die die Kassen übernehmen, gehören die Betreuung und die Überwachung von Patienten, zum Beispiel von Demenzkranken. Auch hauswirtschaftliche Dienstleistungen – Kochen, Putzen, Waschen – werden nicht vergütet, obwohl die Pflege daheim in vielen Fällen ohne die Hilfe Dritter gar nicht möglich wäre.

Bei einem Pflegeheimaufenthalt übernimmt die Krankenkasse nur die Kosten für die Grund- und Behandlungspflege. Alles andere, die sogenannten Hotelkosten, müssen die Patienten und die Gemeinden übernehmen. Im Altersheim Sonnhalde in Burgdorf etwa gelten moderate Preise: Für das günstigste Zimmer zahlen Bewohner 51 100 bis 58 984 Franken pro Jahr selber (siehe Kasten Seite 61); höherer Komfort, etwa ein WC oder eine Dusche auf dem Zimmer, kostet extra. Reichen Einkommen und Vermögen dafür nicht aus, sollten Ergänzungsleistungen und Hilflosenentschädigung die Lücke schliessen. Diese Mittel genügen unter Umständen nicht, wenn Vermögen verschenkt wurde. Dann muss die Sozialhilfe einspringen – und/oder die Kinder, sofern sie als wohlhabend gelten.

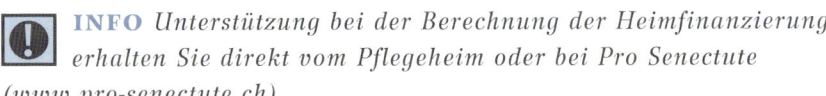 **INFO** *Unterstützung bei der Berechnung der Heimfinanzierung erhalten Sie direkt vom Pflegeheim oder bei Pro Senectute (www.pro-senectute.ch).*

Ergänzungsleistungen zu AHV- oder IV-Rente

Decken die eigenen Mittel nicht alle Ausgaben, sollten Sie bei der AHV-Gemeindezweigstelle Ihres Wohnorts Ergänzungsleistungen (EL) beantragen; der Anspruch hängt vom individuellen Einkommen und Vermögen ab. Diese Zahlungen sind keine Fürsorgeleistungen – wenn die gesetzlichen Voraussetzungen erfüllt sind, haben Sie einen Rechtsanspruch.

Selbst wenn Sie noch Vermögen haben, besteht unter Umständen bereits ein Anrecht auf Ergänzungsleistungen. Laut revidiertem Bundesgesetz gilt für Alleinstehende ein Vermögensfreibetrag von 37 500 Franken, für Ehepaare ein Betrag von 60 000 Franken. Wohnen beide Eheleute im

Eigenheim, gibt es zusätzlich zu den 60 000 Franken einen weiteren Freibetrag von 112 500 Franken. Wohnt ein Ehepartner im Heim und der
andere noch im Eigenheim, gibt es zu den 60 000 Franken einen weiteren
Freibetrag von 300 000 Franken. Vom Vermögen, das über diesen Freibe-
trägen liegt, wird meist ein Vermögensverzehr von 20 Prozent pro Jahr
angerechnet. Damit schrumpft das angerechnete Vermögen Jahr für Jahr.
Es lohnt sich also, den Anspruch jährlich vom Amt berechnen zu lassen!

DER AHV-RENTNER GEROLD S. hat ein Renteneinkommen
von 3000 Franken monatlich sowie 100 000 Franken Vermögen.
Er wird demnächst in ein Zürcher Pflegeheim ziehen und erkundigt sich
bei Pro Senectute nach den Finanzierungsmöglichkeiten. Die Beraterin
stellt fest, dass Gerold S. Ergänzungsleistungen beantragen kann.

FINANZIERUNG DER HEIMKOSTEN FÜR GEROLD S.

	Ausgaben in Fr. pro Jahr	Einnahmen in Fr. pro Jahr
Effektive Kosten in einem Pflegeheim der Stadt Zürich*	Fr. 222.60 * x 365 = Fr. 81 249.–	
Krankenkassenprämie (Ansatz Stadt Zürich)	Fr. 5 232.–	
Persönliche Auslagen (bei Vermögen von Fr. 100 000.–)	Fr. 5 200.–	
Total Ausgaben	Fr. 91 681.–	
Renten		Fr. 36 000.–
Zinsertrag		Fr. 1 000.–
Vermögensverzehr: 1/5 von Fr. 62 500.– (Fr. 100 000.– abzüglich Freibetrag von Fr. 37 500.–)		Fr. 12 500.–
volle Hilflosenentschädigung		Fr. 11 136.–
Total Einnahmen		Fr. 60 636.–

* Bei den effektiven Heimkosten sind die Pflegekosten (Fr. 60 214.05) nicht berücksichtigt, die die Krankenversicherung
 (Fr. 95.– x 365) und die öffentliche Hand (Fr. 69.97 x 365) dem Heim direkt vergüten.

Die Differenz zwischen den anerkannten Ausgaben und den Einnahmen beträgt 31 045 Franken. Diesen Betrag erhält Gerold S. jährlich in Form von Ergänzungsleistungen.

ACHTUNG: *Manche kommen auf die Idee, ihr Vermögen zu verschenken, damit sie es nicht fürs teure Heim aufbrauchen müssen. Wie gefährlich das sein kann, lesen Sie auf Seite 23.*

Anspruch auf Hilflosenentschädigung

Pflegebedürftige AHV- oder IV-Rentner können zusätzlich zur Rente eine Hilflosenentschädigung beziehen. Voraussetzung dafür ist, dass sie gewisse Verrichtungen des täglichen Lebens nicht mehr selbständig erledigen können und deshalb dauernd auf Hilfe angewiesen sind.

Die Hilflosenentschädigung wird immer an die hilfsbedürftige Person ausgerichtet. An wen sie das Geld weiterreicht, ist für die Sozialversicherung nicht von Interesse. Wenn Sie zu Hause von einer Angehörigen gepflegt werden und die Finanzen es zulassen, ist es sinnvoll, die Zahlungen an Ihre Betreuerin weiterzugeben. Leben Sie im Heim, fliesst das Geld wahrscheinlich direkt dorthin (das Anmeldeformular des Heims enthält meist eine entsprechende Klausel).

Hilflosigkeit: die Kriterien

Hilflosigkeit liegt dann vor, wenn jemand von folgenden sechs Verrichtungen mindestens zwei nicht mehr allein erledigen kann; das gilt als leichte Hilflosigkeit. Wer bei vier Verrichtungen Hilfe braucht, ist in einem mittleren Grad hilflos, bei sechs Verrichtungen liegt eine schwere Form der Hilflosigkeit vor:

- An- und Auskleiden
- Aufstehen, sich setzen, sich hinlegen
- Essen (Kochen gehört nicht dazu!)
- Körperpflege (Waschen, Kämmen, Rasieren, Baden und Duschen)
- Toilette (Ordnen der Kleider, Körperreinigung)
- Fortbewegung (in der Wohnung, im Freien, zur Pflege gesellschaftlicher Kontakte)

Darüber hinaus muss die Hilfe regelmässig – eigentlich täglich – geleistet werden und erheblich sein. Letzteres trifft dann zu, wenn die hilfsbedürftige Person die oben aufgeführten Verrichtungen

- überhaupt nicht mehr oder
- nur mit unzumutbarem Aufwand oder
- nur auf unübliche Art selbst ausführen kann.

Die Höhe der Entschädigung
Die Hilflosenentschädigung ist unabhängig von Einkommen und Vermögen. Die Beträge sind für IV- und AHV-Rentner unterschiedlich:

ÜBERSICHT: HILFLOSENTSCHÄDIGUNG

Grad	Betrag für IV-Renter in Franken	Betrag für AHV-Renter in Franken	Betrag für IV-Rentner im Heim in Franken	Betrag für AHV-Rentner im Heim in Franken
leicht	468	234	117	0
mittel	1170	585	292.50	585
schwer	1872	936	468	936

Stand 2014

Die private Pflegeversicherung

Die gute Nachricht gleich vorweg: Um in den Genuss einer anständigen, menschenwürdigen Pflege zu kommen, braucht man keine Pflegeversicherung. Dank der seit dem 1. Januar 2011 geltenden Regelung der Pflegefinanzierung sollte es auch nicht mehr vorkommen, dass Pflegebedürftige von der Sozialhilfe und/oder von ihren Kindern finanziell unterstützt werden müssen. Wenn das Geld nicht ausreicht, lässt sich die Lücke meist mit Ergänzungsleistungen decken.

Wer Anspruch auf Ergänzungsleistungen hätte, verliert oder schmälert diesen Anspruch nur, wenn er eine Pflegeversicherung zahlt. Deren Leistungen werden nämlich wie die Rente auf der Einnahmenseite berücksichtigt. So gesehen lohnt es sich kaum, ein solches Produkt zu kaufen. Wenn Sie vermögend sind, sollten Sie mit einer Fachperson – zum Beispiel von Pro Senectute – prüfen, wie rasch Sie trotz Vermögen Ergänzungsleistungen beziehen könnten.

Interessant kann eine Pflegeversicherung hingegen für sehr vermögende Personen sein. Auch wer seine Liegenschaft nicht in fremde Hände geben will, sein Vermögen für die Erben sichern oder sich eine luxuriöse Pflege gönnen möchte, sollte eine solche Lösung prüfen.

Zurzeit bieten beispielsweise Generali, Helsana und Visana entsprechende Produkte an. Sie haben allerdings ihren Preis, und je nachdem gibt es Einschränkungen bei den Leistungen. Prüfen Sie also genau, ob sich die hohen Prämien für Ihre Bedürfnisse wirklich lohnen. Ziehen Sie unabhängige Versicherungsfachleute zu Rate, wenn Sie unsicher sind (Adressen im Anhang).

Pflegende Angehörige entschädigen

Ohne schriftliche Abmachung erhalten Angehörige für ihre Bemühungen keine nachträgliche Entschädigung aus dem Nachlass. Die Pflege gilt in der Regel als kostenloser Liebesdienst. Eine Ausnahme sieht das Gesetz für den Fall vor, dass die Tochter (oder der Sohn) einen Elternteil im gemeinsamen Haushalt pflegt. Dann ist ein sogenannter Lidlohn geschuldet. Wenn Sie sichergehen möchten, dass Ihre Partnerin oder Tochter für ihr Engagement entschädigt wird, sollten Sie aktiv werden.

Der Pflegevertrag

Auch wenn es Ihnen unangenehm ist, über Geld zu sprechen: Fragen Sie die pflegende Angehörige, ob sie eine Entschädigung erwarte. Es ist für beide Parteien nicht gut, wenn die Pflege stillschweigend unentgeltlich geleistet wird. Wer für die Leistungen bezahlt, fühlt sich weniger in der Schuld und zeigt, wie wichtig und wertvoll ihm die Arbeit der Tochter oder Lebenspartnerin ist.

Sind Sie sich einig über die Entschädigung, setzen Sie eine schriftliche Vereinbarung auf. Pro Senectute empfiehlt für Haushaltsarbeiten, Pflege- und Betreuungsaufgaben eine Entschädigung zwischen 25 und 30 Franken pro Stunde. Nimmt ein pflegender Angehöriger Sie bei sich zu Hause auf, sind für die Wohnkosten 250 bis 600 Franken und für die Mahlzeiten 720 bis 900 Franken pro Monat angemessen. Am besten wird der Betrag jeweils bis spätestens Mitte Monat gezahlt.

> **INFO** *Die Empfehlungen von Pro Senectute und einen Musterpflegevertrag können Sie im Internet herunterladen (www.pro-senectute.ch → Shop → Downloads → Weitere). Eine Kurzversion eines Pflegevertrags finden Sie im Anhang.*

Entschädigung im Testament verfügen

Ist keine Entschädigung zu Lebzeiten gewünscht, können Sie eine solche auch in Ihrem Testament verfügen. Achten Sie aber auf die korrekte Formulierung: Soll ein Erbe für seine Bemühungen entschädigt werden, gewähren Sie ihm am besten ein Vorausvermächtnis. Nur so erhält er die Entschädigung zuzüglich zu seinem Erbteil und damit eben mehr als die anderen. Achtung: Das Vorausvermächtnis muss in die frei verfügbare Quote passen. Sind zu wenig Mittel im Nachlass, können die Pflichtteilserben eine Kürzung des Vermächtnisses fordern. Das können Sie verhindern, indem Sie zu Lebzeiten einen schriftlichen Pflegevertrag abschliessen und darin festlegen, dass die Zahlung des vereinbarten Pflegegelds spätestens zum Todeszeitpunkt fällig wird.

FORMULIERUNG: VORAUSVERMÄCHTNIS

«Meine Tochter Silke erhält zusätzlich zu ihrem Erbteil 10 000 Franken als Vorausvermächtnis. Dies als Dank für ihre Hilfe und Unterstützung in meinem Haushalt und für die Pflege.» ■

3

Selber bestimmen, wenn es ums Sterben geht

Wer bestimmt über die medizinische Behandlung, wenn ich
im Sterben liege? Kann ich notfalls Sterbehilfe beanspruchen?
Bin ich bereit, mein Herz und meine Nieren zu spenden? Dieses
Kapitel befasst sich mit den rechtlichen Rahmenbedingungen
und zeigt, wie Sie in diesen Fragen selber entscheiden können.

Wer entscheidet über medizinische Massnahmen?

Wir alle müssen sterben. Wann es so weit ist, bestimmen wir nicht selbst. Aber die Umstände lassen sich manchmal beeinflussen. Und die moderne Medizin eröffnet dabei viele Möglichkeiten.

Im Hinblick auf Sterben und Tod von Selbstbestimmung zu sprechen, mag auf viele Menschen irritierend wirken. Die Vorstellung vom eigenen Tod hat jedoch einiges mit persönlicher Weltanschauung zu tun: Möchte ich alle lebensverlängernden Möglichkeiten ausschöpfen? Bin ich bereit, meine Organe zu spenden? Möchte ich lieber zu Hause als im Spital sterben? Und wer sich seine Gedanken zu diesem Thema macht, stösst bald zur Kernfrage vor: Was heisst für mich persönlich würdevolles Sterben? Allgemeingültige Antworten darauf gibt es nicht. Deshalb ist es hilfreich, auf diese schwierige Frage eigene Antworten zu finden und sie schriftlich festzuhalten.

Die eigenen Wünsche kommen zuerst

Die Bundesverfassung garantiert jedem Menschen das Recht auf persönliche Freiheit. Dazu gehört auch das Recht, über den eigenen Körper und das eigene Leben autonom zu entscheiden. Und deshalb ist für jede medizinische Behandlung und für jeden körperlichen Eingriff die Einwilligung der Patientin, des Patienten erforderlich. Ob es um eine einfache Untersuchung oder um eine risikoreiche Operation geht, spielt dabei keine Rolle.

Einer medizinischen Behandlung zustimmen oder sie ablehnen kann aber nur, wer sich über ihre Tragweite voll und ganz im Klaren ist. Deshalb muss jeder Arzt seine Patienten umfassend und verständlich aufklären: über die Diagnose, die angestrebte Behandlung, deren Wirkung, über Risiken und mögliche Nebenwirkungen. Das gilt auch für todkranke Patientinnen und Patienten.

KLARA C. HAT KREBS. Wenn sie sich der von ihrer Ärztin empfohlenen Chemotherapie unterzieht, dürfte sich ihre Lebenserwartung um rund ein Jahr verlängern. Frau C. verträgt jedoch die starken Medikamente nicht gut und möchte die Therapie abbrechen.

Grundsätzlich gilt: Niemand ist verpflichtet, einer empfohlenen Behandlung zuzustimmen. Auch wenn die Ärztin eine bestimmte Therapie oder Operation dringend empfiehlt, darf die Patientin diese Massnahme ablehnen. Die krebskranke Klara C. kann die Chemotherapie also jederzeit abbrechen. Ihre Ärztin hat dies zu akzeptieren. Sie darf aber verlangen, dass Frau C. eine Verzichtserklärung unterzeichnet. Damit kann sich die Ärztin vor dem späteren Vorwurf schützen, sie habe die Patientin nicht richtig behandelt.

Was Ärzte dürfen
Urteilsunfähige Menschen – zum Beispiel Patienten, die nicht ansprechbar sind – können eine Behandlung weder erlauben noch ablehnen. In Notfällen entscheiden die behandelnden Ärzte über die medizinischen Massnahmen. Die Ärztin muss dabei diejenige Therapie wählen, die im Interesse der betroffenen Patientin ist und ihrem mutmasslichen Willen entspricht. Gemeint ist der Wille, den sie höchstwahrscheinlich geäussert hätte, als sie (noch) urteilsfähig, also ansprechbar war. Ist eine Behandlung nicht dringend notwendig, muss die Ärztin sich erkundigen, ob die Patientin eine Patientenverfügung verfasst hat. Ist dies nicht der Fall, muss die Ärztin die nächsten Angehörigen kontaktieren.

DEFINITION: URTEILSUNFÄHIGKEIT
Wer seinen Willen nicht mehr äussern oder die Tragweite von Entscheidungen nicht erfassen kann, gilt als urteilsunfähig. Wer also so ernst erkrankt oder so schwer verunfallt ist, dass er sich nicht mehr mitteilen kann, ist urteilsunfähig. ■

TIPP *Wer die Entscheidung weder den Ärzten noch seinen Angehörigen überlassen will, sollte mit einer Patientenverfügung entsprechend vorsorgen.*

Die Patientenverfügung

In einer Patientenverfügung bestimmt ein Mensch im Voraus, was geschehen soll, wenn er selbst nicht mehr in der Lage ist, seine Wünsche zu
äussern – zum Beispiel, wenn er nach einem schweren Unfall im Koma
liegt, einen Hirnschlag erlitten hat oder vor lauter Schmerzen unfähig ist,
einen klaren Gedanken zu fassen. Die Patientenverfügung erleichtert
Angehörigen und Ärzten, schwierige Entscheide in schwierigen Zeiten zu
treffen. Die Angehörigen werden entlastet, weil sie nicht hin und her
überlegen müssen: Was hätte er wohl gewollt? Und das ärztliche Personal
fühlt sich sicherer in der Betreuung, weil es weiss, dass sie den tatsächlichen Wünschen des Patienten entspricht.

DAS HÄLT DIE PATIENTENVERFÜGUNG FEST

In der Patientenverfügung schreiben Sie Ihre Wünsche zu folgenden Punkten nieder:

- Medizinische Behandlung
- Lebensverlängernde Massnahmen
- Entbindung vom Patienten- bzw. Arztgeheimnis
- Sterbebegleitung
- Sterbeort
- Untersuchung zu Forschungszwecken
- Organspende
- Obduktion

In der Patientenverfügung können Sie sowohl über Ihre Behandlung in
der Sterbephase als auch über die Behandlung Ihres Körpers nach dem
Tod bestimmen. Oder Sie regeln nur einzelne Punkte. Selbstverständlich
muss niemand eine Patientenverfügung erlassen. Wer keine Vorkehrungen
trifft, vertraut darauf, dass die Ärzte alles ethisch und medizinisch Vertret-
bare unternehmen und die Angehörigen einbeziehen.

Medizinische Behandlung

Wer an einer chronischen und unheilbaren Krankheit leidet, kann in der
Patientenverfügung die Behandlung bestimmen. Zusammen mit dem zuständigen Arzt legt man fest, in welchem Krankheitsstadium welche kon-

krete Behandlung erwünscht oder verboten ist. So können beispielsweise schwer Krebskranke mit ihrer Ärztin vereinbaren, dass eine Blutvergiftung oder Lungenentzündung nicht mehr behandelt werden soll – im Wissen, dass dies zum vorzeitigen Tod führen könnte.

Für Gesunde ist es kompliziert und wenig sinnvoll, für jede mögliche Krankheit eine Behandlungsmethode festzulegen. Wer aber gewisse Behandlungen generell ablehnt – zum Beispiel eine Bluttransfusion –, hat die Möglichkeit, eine entsprechende Verfügung zu formulieren.

Lebensverlängernde Massnahmen

Ärzte fühlen sich meist gezwungen, die medizinischen Möglichkeiten voll auszuschöpfen, selbst wenn kaum mehr Hoffnung besteht, dass der Patient je wieder ein selbstbestimmtes Leben führen wird. Das kann dazu führen, dass jemand bei einer plötzlich auftretenden Krankheit wie einer Hirnblutung ohne reelle Chancen auf Besserung länger als nötig auf den Tod warten muss. Mit einer Patientenverfügung lassen sich lebensverlängernde Massnahmen einschränken. Darunter versteht man zum Beispiel maschinelle Beatmung, künstliches Aufrechterhalten des Kreislaufs, künstliche Ernährung oder Reanimation.

Stellen die Ärzte nach einem schweren Unfall den Hirntod fest, dauert es in der Regel ein bis zwei Tage, bis lebenserhaltende Massnahmen eingestellt werden. In dieser Zeit gilt es, abzuklären, ob man dem Sterbenden Organe zur Transplantation entnehmen darf. Diese Zeit lässt sich abkürzen, wenn Sie sich in der Patientenverfügung klar dazu äussern.

Vor starken Schmerzen fürchten sich viele Menschen fast noch mehr als vor dem Tod. Jeder hat Anspruch auf eine optimale Schmerzbehandlung. Gleiches gilt für die Behandlung von Beschwerden wie Atemnot, Angst, Hunger- und Durstgefühl oder Übelkeit. Medikamente können unerwünschte Nebenwirkungen haben und die verbleibende Lebenszeit verkürzen. Das führt möglicherweise dazu, dass die Ärzte das Potenzial an lindernden Medikamenten nicht voll ausschöpfen. Ist Ihnen eine optimale Linderung von Beschwerden wichtiger als die Lebensverlängerung, können Sie dies in der Patientenverfügung so festhalten.

Entbindung vom Patientengeheimnis

Patientengeheimnis und Arztgeheimnis meinen dasselbe: Ohne Ihre Einwilligung darf weder ein Arzt noch das Pflegepersonal andere Personen über Ihren Zustand informieren. Tun sie es doch, machen sie sich strafbar. Ist ein Patient allerdings nicht mehr ansprechbar, muss die Ärztin prüfen, ob eine Patientenverfügung vorliegt. Ist dies nicht der Fall, muss sie die nächsten Angehörigen über den Zustand und die Prognose unterrichten. Welche Personen als nächste Angehörige gelten, bestimmt seit dem 1. Januar 2013 das Gesetz (siehe Seite 47 und 76).

In der Patientenverfügung können Sie festlegen, wem Ihr Arzt Auskunft zu erteilen hat und wem nicht; wer nach Ihrem Tod Einblick in Ihre Krankengeschichte erhalten soll und wer nicht. Zudem können Sie darin bestimmen, welche Personen im Notfall sofort zu benachrichtigen sind oder wen Sie auf keinen Fall an Ihrem Krankenbett sehen möchten.

Sterbebegleitung und Sterbeort

Wenn Sie wie viele Menschen den Wunsch haben, zu Hause in Ihrer vertrauten Umgebung zu sterben, sollten Sie dies so anordnen. Sie bestimmen, ob und wann Sie vom Spital oder Heim nach Hause gebracht werden sollen. Wichtig: Ihr Zustand muss eine Pflege zu Hause zulassen, und die Betreuung durch Angehörige oder Dritte muss sichergestellt sein. Wer sich im Spital oder in einem Sterbehospiz besser aufgehoben fühlt, kann die Verlegung dorthin verlangen (mehr zum Thema Sterbebegleitung im Spital, Hospiz und zu Hause auf Seite 77).

Nach dem Tod eines Menschen sind die Angehörigen mit vielen Fragen konfrontiert, vor allem, wenn er die letzten Stunden im Spital, Alters- oder Pflegeheim verbracht hat. In einer Patientenverfügung lässt sich auch bestimmen, was beim oder nach dem eigenen Tod geschehen soll.

Medizinische Forschung, Organspende, Obduktion

Auch darüber, was nach Ihrem Tod mit Ihrem Körper geschehen darf, können Sie in der Patientenverfügung bestimmen.

- Untersuchung zu Forschungszwecken: Wenn Sie oder die Angehörigen zustimmen, darf der Arzt seinen Studenten und Assistenzärzten im Rahmen der Ausbildung Ihre Erkrankungen anhand von Bildern oder direkt an Ihrem Körper zeigen und erklären.
- Organspende: Die Entnahme von Organen zur Transplantation ist nur erlaubt, wenn die verstorbene Person oder die Angehörigen ihr zustimmen. Es ist möglich, die Zustimmung nur für einzelne Organe zu erteilen (mehr zum Thema Organspende auf Seite 87).

■ Obduktion oder Autopsie bedeutet, dass der Leichnam zur Feststellung der Todesursache geöffnet wird. Eine Obduktion ist in vielen Kantonen erlaubt, wenn weder der Verstorbene noch die Angehörigen sie verbieten. In gewissen Fällen kann sie auch gegen ihren Willen stattfinden (mehr dazu auf Seite 90).

Wie verbindlich ist die Patientenverfügung?

Seit dem 1. Januar 2013 gelten für die ganze Schweiz einheitliche Regelungen zur Patientenverfügung; sie finden sich in den Artikeln 370 bis 373 des Zivilgesetzbuchs (ZGB). Danach gilt die Patientenverfügung als verbindliche Willensäusserung des Patienten.

Nur in folgenden Ausnahmefällen sind Ärzte nicht verpflichtet, sie zu befolgen:

■ wenn der Patient zum Zeitpunkt der Abfassung nicht urteilsfähig war oder unter Druck gesetzt wurde;
■ wenn es Anhaltspunkte dafür gibt, dass er inzwischen seine Meinung geändert hat;
■ wenn vom Arzt Ungesetzliches verlangt wird, zum Beispiel aktive Sterbehilfe.

So kommen Sie zu einer Patientenverfügung

Verschiedene Organisationen wie Dialog Ethik, Caritas oder Pro Senectute bieten vorgedruckte Patientenverfügungen an. Im Anhang dieses Buches findet sich eine Vorlage, die Sie ausfüllen können.

Eine Patientenverfügung muss man schriftlich abfassen, datieren und unterzeichnen. Der Text braucht nicht handschriftlich verfasst zu sein; Sie können also auch Vorlagen verwenden. Ihre Unterschrift muss nicht notariell beglaubigt sein. Mit einer Beglaubigung können Sie aber verhindern, dass die Echtheit angezweifelt wird. Das kostet Sie rund 20 Franken. Wichtig ist, dass im Ernstfall keine Zweifel an Ihrer Urteilsfähigkeit zum Zeitpunkt der Patientenverfügung aufkommen.

Damit sich Bedenken an Ihrer Urteilsfähigkeit von vornherein ausschliessen lassen, ist es sinnvoll, die Patientenverfügung mit einer Vertrauensperson Punkt für Punkt durchzugehen und zu besprechen. Das kann ein Ihnen nahestehender Mensch oder Ihre Ärztin sein. Er oder sie kann im Zweifelsfall bezeugen, dass Sie sich intensiv mit der Materie befasst haben und sehr wohl wussten, was Sie verfügt haben.

Bewahren Sie das Original Ihrer Verfügung zu Hause auf und übergeben Sie je eine Kopie Ihrem Arzt und einer Person Ihres Vertrauens. Legen Sie auch einen Zettel mit dem Vermerk zum Aufbewahrungsort des Originals in Ihr Portemonnaie: So stellen Sie sicher, dass man Ihre Patientenverfügung im Notfall rasch findet. Sie können die Vertrauensperson zusätzlich in der Patientenverfügung oder im Vorsorgeauftrag bevollmächtigen, Sie im Fall Ihrer Urteilsunfähigkeit gegenüber den Ärzten zu vertreten und dafür besorgt zu sein, dass diese Ihre Patientenverfügung erhalten und danach handeln (eine Vorlage für eine Vollmacht zur Patientenverfügung finden Sie im Anhang). Das Gesetz sieht eigentlich vor, dass man auf der Krankenkassenkarte den Hinterlegungsort eintragen lassen kann. Leider wird das in der Praxis noch nicht umgesetzt.

Die Rechte der Angehörigen

Wenn in einer Patientenverfügung oder in einem Vorsorgeauftrag keine Vertretung eingesetzt wurde und es auch keinen Beistand mit Vertretungsrecht bei medizinischen Massnahmen gibt, sind die nachfolgend aufgeführten Angehörigen in der entsprechenden Reihenfolge berechtigt, die vom Arzt vorgesehenen medizinischen Massnahmen zu erlauben oder abzulehnen:

1. Der Ehegatte, die eingetragene Partnerin oder der eingetragene Partner, wenn er/sie einen gemeinsamen Haushalt mit der urteilsunfähigen Person führt oder ihr regelmässig und persönlich Beistand leistet

2. Die Person, die mit der urteilsunfähigen Person einen gemeinsamen Haushalt führt und ihr regelmässig und persönlich Beistand leistet, zum Beispiel der/die Lebenspartner/-in
3. Die Nachkommen, wenn sie der urteilsunfähigen Person regelmässig und persönlich Beistand leisten
4. Die Eltern, wenn sie der urteilsunfähigen Person regelmässig und persönlich Beistand leisten
5. Die Geschwister, wenn sie der urteilsunfähigen Person regelmässig und persönlich Beistand leisten

Regelmässig und persönlich Beistand zu leisten, bedeutet im Wesentlichen, dass die Beziehung intakt ist. Eltern etwa, die keinen Kontakt mehr zu ihren erwachsenen Kindern haben, oder zerstrittene Geschwister haben kein Vertretungsrecht.

Sind mehrere Personen, zum Beispiel mehrere Geschwister, vertretungsberechtigt, darf die gutgläubige Ärztin oder der gutgläubige Arzt voraussetzen, dass jede Person im Einverständnis mit den anderen Personen handelt.

TIPP *Wenn Sie möchten, dass in Ihrem Fall andere als die gesetzlich vorgesehenen Personen entscheiden, erteilen Sie ihnen eine Vollmacht in Ihrer Patientenverfügung. Eine Vorlage zum Ausfüllen finden Sie im Anhang.*

Sterbebegleitung

Geht es darum, einen sterbenden Menschen zu begleiten, gibt es unterschiedliche Wege. Ob medizinisch oder seelsorgerisch: Im Vordergrund steht die Linderung von Schmerzen und Ängsten.

Im Gegensatz zur Sterbehilfe, die das vorzeitige Herbeiführen des Todes zum Wohl und auf Verlangen eines schwer leidenden oder sterbenden Menschen bezweckt (mehr dazu auf Seite 82), soll Sterbebegleitung die letzte Lebenszeit erträglicher machen. Wichtigstes Ziel ist es, Schmerzen und andere Folgeerscheinungen einer unheilbaren Krankheit wie Übelkeit oder Atemnot zu lindern. Sterbebegleitung hat nichts mit dem vorzeitigen Herbeiführen des Todes zu tun.

Professionelle Hilfe: Palliativpflege

Angehörige stossen bald an Grenzen, wenn sie Schwerkranke betreuen. Bevor die Belastung zu stark wird, sollten sie Hilfe holen. Schon die Spitex ist ein wichtiger Grundstein in der Begleitung von Sterbenden. Daneben gibt es weitere spezielle Betreuungs-, Behandlungs- und Pflegekonzepte. Im Vordergrund steht heute die Palliativpflege, eine professionelle Sterbebegleitung. Sie beinhaltet medizinische, pflegerische, soziale und seelsorgerische Betreuung, angeboten von einem interdisziplinären Team. Dazu gehören je nach Bedarf die Ärztin, der Pfleger, der Pfarrer, die Ergotherapeutin, der Psychologe, die Physiotherapeutin und natürlich die Angehörigen.

Palliativpflege wird in eigens dafür eingerichteten Hospizen und in Spitälern mit separater Palliativstation angeboten. So führt beispielsweise das St. Galler Kantonsspital eine eigene Palliativpflegestation. Je nach Situation ist auch die ambulante Betreuung zu Hause oder im Pflegeheim möglich.

PALLIATIVPFLEGE: VON DER UNO DEFINIERT

Die UNO-Weltgesundheitsorganisation (WHO) definiert Palliativpflege als «Lindern eines weit fortgeschrittenen, unheilbaren Leidens mit begrenzter Lebenserwartung durch ein multiprofessionelles Team mit dem Ziel einer hohen Lebensqualität für den Patienten und seine Angehörigen und möglichst am Ort seiner Wahl».

Die Versorgung mit Palliativmedizin wird in den einzelnen Kantonen noch unterschiedlich gehandhabt. Die Schweizerische Gesellschaft für palliative Medizin, Pflege und Begleitung hat eine Adressliste der Palliativstellen in den einzelnen Kantonen zusammengestellt. Sie finden diese im Internet unter www.palliative.ch (→ Angebote → Wo finde ich Palliative Care?). Zudem können Ihnen folgende Stellen bei der Suche nach einem Angebot in Ihrer Umgebung behilflich sein:

- Hausärztin oder Hausarzt
- Personen, die Sie betreuen
- Spitex-Dienst an Ihrem Wohnort
- Nächstgelegenes Spital oder Pflegeheim
- Patientenorganisationen
- Kantonale Krebsliga

INFO *Wissenswertes zum Thema Palliativpflege lesen Sie in der Informationsbroschüre der Schweizerischen Gesellschaft für Palliative Medizin, Pflege und Begleitung sowie in den Richtlinien und Empfehlungen der Schweizerischen Akademie der Medizinischen Wissenschaften (SAMW). Die Bezugsadressen finden Sie im Anhang.*

Der Umgang mit Schmerzen

Die meisten Menschen fürchten den Tod an sich nicht so sehr. Sie fürchten sich aber vor unerträglichen Schmerzen vor dem Tod. Hier gleich die Entwarnung: Niemand muss qualvoll seinem Ende entgegengehen. Bei 87 Prozent der Patienten lässt sich völlige Schmerzfreiheit erreichen, und auch die restlichen 13 Prozent können auf eine befriedigende Schmerzlinderung zählen. Es sind dafür nur zwei Dinge zu befolgen:

- Sprechen Sie mit dem Arzt und mit Ihrem Pflegeumfeld offen über Ihre Schmerzen. Nur wenn Sie sagen, dass und wo es wehtut, kann man Ihnen helfen. Spielen Sie nicht den Helden oder die Heldin. Sie sind kein Weichling, wenn Sie frei von Schmerzen sein wollen!
- Bestehen Sie auf der bestmöglichen Schmerzlinderung. Wechseln Sie den Arzt, wenn Sie keine befriedigende Therapie erhalten und/oder den Eindruck haben, Ihre Ärztin nehme Sie nicht ernst. Fragen Sie bei einer Schmerzklinik nach Adressen von Spezialisten (Adressen finden Sie im Anhang).

In jedem Stadium einer Krankheit sind die Ärzte verpflichtet, für eine optimale Schmerzlinderung zu sorgen. Dank der modernen Medizin ist dies auch möglich. Leider ranken sich um dieses Thema viele Halbwahrheiten und irrige Vorstellungen. Zwei davon sollen gleich vorweg richtig-gestellt werden:

- Die ärztlich kontrollierte Behandlung mit dem Opiat Morphium macht nicht süchtig.
- Auch bei hohen Dosen Morphium bleibt man klar im Kopf; man wird höchstens müde.

Behandlung nach Schmerzstufen

Die Weltgesundheitsorganisation (WHO) hat Schmerzen in drei grobe Stufen eingeteilt: schwach bis mässig – mittelstark – stark bis unerträglich.

Für jede Schmerzstufe gibt es einen medikamentösen Behandlungsplan. Schmerzspezialisten haben diesen Grundplan noch weiter verfeinert. Wichtig ist, dass man den Schmerz sofort behandelt, unabhängig von der Schmerzstufe. Warten Sie also nicht zu, bis Sie es nicht mehr aushalten. Das ist kontraproduktiv – es droht nur eine unnötige Chronifizierung des Leidens.

Morphium: Fluch oder Segen?

Lassen sich die Schmerzen nicht befriedigend lindern, kommt meist Morphium zum Einsatz. Dieser Stoff gehört zu den Opiaten, und das macht vielen Menschen Angst. Die Angst ist unbegründet, wenn das Medikament unter der Aufsicht einer Schmerzspezialistin richtig eingesetzt wird. Dann macht Morphium nicht süchtig.

Damit das Medikament richtig wirkt, muss der Einnahmezeitplan minutiös eingehalten werden. Parallel dazu muss die Ärztin auch die Nebenwirkungen behandeln, ansonsten wären sie gravierend: Schlimmste Verstopfung und Erbrechen wären die Folge. «Bei korrekter Verabreichung aber ist Morphium ein Segen für die Menschheit», sagt der Schmerzspezialist Dr. Guido Gallacchi von der Schmerzklinik Kirschgarten in Basel.

Die Nebenwirkungen

Auch andere starke Medikamente verursachen oft Nebenwirkungen wie Übelkeit, Erbrechen oder Verstopfung. Das Ausschalten solch unerwünschter Nebenwirkungen gehört ebenfalls zu einer optimalen Schmerzbehandlung. Ihr Schmerzspezialist weiss, wie das möglich ist.

Dass Sie bei einer optimalen Schmerzlinderung als Nebenwirkung eine Trübung des Bewusstseins in Kauf nehmen müssten, ist ein Märchen. Bei starken Schmerzen erhalten Sie einen Medikamentencocktail, bestehend aus Morphium und Antidepressiva. Dabei bleiben Sie klar im Kopf. Bei Angstzuständen erhalten Sie zusätzlich Beruhigungsmittel. Diese machen zwar müde, setzen Sie aber geistig nicht ausser Gefecht.

Ein Patient muss kaum je wegen Schmerzen künstlich ins Koma versetzt werden. Diese Behandlungsmethode steht aber zur Verfügung bei Erstickungsangst oder massiven Atembeschwerden, etwa bei Lungenkrebs im Endstadium, und gelegentlich bei nicht zu beruhigender Todesangst.

Operative Eingriffe

Bei starken Schmerzen und einer längeren Lebensprognose – zum Beispiel bei Patienten mit Knochenkrebs – kommen auch operative Eingriffe infrage. Einer davon ist die Rückenmarkstimulation durch implantierte Elektroden. Solche Methoden gehören aber zur Spitzenmedizin, die nur wenige Fachleute in der Schweiz beherrschen (Adressen von Anlaufstellen im Anhang).

Komplementärmedizin

Das eine tun und das andere nicht lassen: Sprechen Sie mit Ihrer Ärztin auch über ergänzende Möglichkeiten der Schmerzbehandlung. Akupunktur oder ein Entspannungsverfahren wie Massage und autogenes Training, aber auch eine Psychotherapie kann die Lebensqualität in der letzten Lebensphase zusätzlich verbessern.

Wer zahlt?

Die Krankenkasse übernimmt die Kosten einer vom Arzt verordneten Schmerztherapie. Bei ergänzenden Behandlungen wie zum Beispiel Massagen sollten Sie die Kostenfrage mit dem Arzt, mit Ihrer Krankenkasse und – falls vorhanden – mit Ihrer Zusatzversicherung absprechen.

Seelsorgerische Begleitung

Die Sterbebegleitung gehört zum Berufsalltag des Pfarrers. Er besucht die Kranke oder den Sterbenden und versteht sich als seelsorgerischer Begleiter, der zuhört und hilft, die Angst vor dem Sterben und dem Tod zu bewältigen. Die Begleitung ist individuell. Sie reicht vom Alltagsgespräch über philosophische Betrachtungen bis zum Beten und Reden über Gott und den Tod.

Bei ihrem Eintritt ins Krankenhaus werden die Patientinnen und Patienten – auch konfessionslose – gefragt, ob sie einen Pfarrer sehen möchten. Aus Gründen des Datenschutzes darf das Krankenhaus dem Pfarrer die Namen der Patienten erst mitteilen, wenn diese seinem Besuch zugestimmt haben. Er wird sich dann bei ihnen melden.

Werden Sie zu Hause gepflegt und weiss der Pfarrer nicht um Ihre Situation, kann er auch nicht Kontakt mit Ihnen aufnehmen. Falls Sie seinen Beistand wünschen, rufen Sie beim Pfarramt Ihrer Wohngemeinde an.

Sterbehilfe

Ob ein schwerkranker Mensch den Zeitpunkt seines Todes selber bestimmen und Sterbehilfe von Drittpersonen in Anspruch nehmen darf, ist eine umstrittene Frage. Sie führt zu grundsätzlichen ethischen und rechtlichen Diskussionen.

Lange Zeit ein Tabu, ist das Thema Sterbehilfe heute aktueller denn je. Fast jede Woche wird in der Öffentlichkeit über Pro und Kontra debattiert. Befürworter der Sterbehilfe argumentieren mit dem Selbstbestimmungsrecht des Menschen, das auch die Selbsttötung beinhalte. Gegner weisen auf die Unantastbarkeit des menschlichen Lebens hin. Und beide argumentieren mit ihrer Sichtweise der Menschenwürde.

Grosses Aufsehen erregte 2002 der Prozess «Diane Pretty gegen England» vor dem Europäischen Gerichtshof für Menschenrechte in Strassburg. Die durch eine unheilbare Krankheit vom Hals an abwärts gelähmte Diane Pretty kämpfte dafür, dass ihr Mann ihr bei der beabsichtigten Selbsttötung in England straflos helfen konnte. Nach britischem Recht ist die Beihilfe zur Selbsttötung ein Verbrechen, das mit bis zu 14 Jahren Gefängnis bestraft wird. Der Europäische Gerichtshof wies die Beschwerde ab. Diane Pretty erstickte kurz darauf. In Italien sorgte der Fall der 38-jährigen Eluana für hitzige Debatten. Ihr Vater erreichte im November

2008 beim obersten italienischen Berufungsgericht, dass seine Tochter nach 17 Jahren im Koma endlich sterben durfte.

Was ist in der Schweiz erlaubt?

Wer sich selbst tötet oder zu töten versucht, bleibt straflos. Für den Sterbehelfer sind die folgenden Artikel des Schweizerischen Strafgesetzbuchs (StGB) zu beachten:

- **Art. 114 Tötung auf Verlangen:** Wer aus achtenswerten Beweggründen, namentlich aus Mitleid, einen Menschen auf dessen ernsthaftes und eindringliches Verlangen tötet, wird mit Freiheitsstrafe bis zu drei Jahren oder Geldstrafe bestraft.
- **Art. 115 Verleitung und Beihilfe zum Selbstmord:** Wer aus selbstsüchtigen Beweggründen jemanden zum Selbstmord verleitet oder ihm dazu Hilfe leistet, wird, wenn der Selbstmord ausgeführt oder versucht wurde, mit Freiheitsstrafe bis zu fünf Jahren oder mit Geldstrafe bestraft.

Ob der Sterbehelfer straflos bleibt, hängt also von seinem Motiv und der Art der geleisteten Sterbehilfe ab. Man unterscheidet mehrere Arten.

Direkte aktive Sterbehilfe

Direkte aktive Sterbehilfe leistet, wer den Tod eines Menschen auf dessen Wunsch durch einen gezielten Eingriff herbeiführt, zum Beispiel durch Spritzen einer tödlichen Substanz oder durch Verabreichen einer Überdosis. Während die Niederlande, Belgien und Luxemburg die aktive Sterbehilfe nicht mehr bestrafen, sind entsprechende Vorstösse im eidgenössischen Parlament gescheitert. In der Schweiz gilt: Auch wenn der Sterbehelfer keine unlauteren Motive verfolgt, also nur aus Mitleid und auf eindringliches Bitten handelt, verstösst er gegen Artikel 114 StGB und wird entsprechend bestraft.

Indirekte aktive Sterbehilfe

Als indirekte aktive Sterbehilfe gilt das Verabreichen von Substanzen zum Zweck der Leidenslinderung. Die Substanzen wirken zwar nicht wie bei einer Überdosis sofort tödlich, können als Nebenwirkung aber die Lebensdauer mindern. Dazu zählen zum Beispiel starke Betäubungsmittel, die Schmerzen erträglicher machen sollen. Diese Art der Sterbehilfe ist strafrechtlich nicht geregelt und gilt deshalb als erlaubt. Auch nach den medizinisch-ethischen Richtlinien der Schweizerischen Akademie der medizinischen Wissenschaften (SAMW) dürfen Ärzte indirekte aktive Sterbehilfe leisten.

Passive Sterbehilfe

Passive Sterbehilfe heisst Verzicht auf lebensverlängernde Massnahmen wie zum Beispiel künstliche Ernährung oder künstliches Aufrechterhalten des Herz- und Lungenkreislaufs. Die passive Sterbehilfe ist im Strafgesetzbuch nicht erfasst. Deshalb gilt sie als erlaubt. Auch nach den SAMW-Richtlinien dürfen Ärzte diese Form der Sterbehilfe leisten. Liegt keine Patientenverfügung vor, entscheidet in erster Linie der nächste Angehörige (siehe Seite 76).

Beihilfe zur Selbsttötung

Die sterbewillige Person tötet sich selber, der Sterbehelfer beschafft ihr aber das notwendige Mittel. Handelt der Helfer aus selbstsüchtigen Motiven, macht er sich nach Artikel 115 StGB strafbar. Das ist der Fall, wenn es dem Sterbehelfer darum geht, sich von der Last des schwerkranken Menschen zu befreien oder rascher zu erben. Wer dagegen nur aus Mitleid handelt, wird nicht bestraft. Nach den SAMW-Richtlinien gehört die Beihilfe zur Selbsttötung nicht zur ärztlichen Tätigkeit. Die Richtlinien erlauben es dem Arzt jedoch, einem Sterbewilligen im Einzelfall ein Rezept für ein tödlich wirkendes Medikament zu verschreiben.

Den Zeitpunkt bestimmen Sie selbst

Hat sich ein Mensch aus freien Stücken entschlossen, seinen Tod vorzeitig herbeizuführen, ist dieser Wunsch zu respektieren. Und genauso richtig ist es, wenn ein anderer Mensch keine Sterbehilfe in Anspruch nehmen will – aus welchen Gründen auch immer. Lassen Sie sich nicht unter Druck setzen, schon gar nicht durch fiese Stimmen im eigenen Kopf, die suggerieren, Sie würden anderen zur Last fallen. Nur Sie allein können ermessen, wie lebenswert Ihr Leben trotz aller Beeinträchtigungen noch ist.

Wenn Sie Sterbehilfe beanspruchen möchten

Das Bundesgericht hat im November 2006 festgehalten, dass der urteilsfähige Mensch selbst über die Art und den Zeitpunkt seines Todes entscheiden kann (BGE 133 I 58). Solange Sie urteilsfähig sind, also Ihren Willen äussern und die Tragweite Ihrer Entscheide erfassen können, dürfen Sie unerwünschte lebensverlängernde Behandlungen ablehnen und auf dem Einsatz von lindernden, aber lebensverkürzenden Schmerzmitteln, zum Beispiel Opiaten, bestehen.

Sind Sie nicht mehr ansprechbar oder geistig verwirrt, gelten Sie als urteilsunfähig, das heisst, Sie können sich nicht mehr verbindlich äussern. Mit einer Patientenverfügung können Sie dafür sorgen, dass auch in solchen Fällen nach Ihrem im Voraus erklärten Willen gehandelt wird. Darin legen Sie fest, in welchen Situationen Sie bestimmte lebensverlängernde Massnahmen dulden oder ablehnen. Sie können auch vorsorglich dem Einsatz hochdosierter Schmerzmittel zustimmen, um Leiden zu lindern (mehr zum Thema Patientenverfügung auf Seite 72; eine Vorlage finden Sie im Anhang).

Bei Urteilsunfähigkeit sind somit nur die passive Sterbehilfe und die indirekte aktive Sterbehilfe möglich. Nicht möglich ist die straflose Beihilfe zur Selbsttötung. Dafür muss jemand urteilsfähig sein.

DIE 52-JÄHRIGE FRANZÖSIN CHANTAL SÉBIERE litt acht Jahre an einem äusserst schmerzhaften Tumor im Gesicht. Die Behandlungen konnten die entstellenden Wucherungen nicht stoppen. Schliesslich verlor sie auch den Geschmacks- und den Geruchssinn und erblindete. Frau Sébiere hatte nur noch einen Wunsch: Sie wollte sterben. Die Rechtsordnung in Frankreich verbietet aber die Beihilfe zur Selbsttötung. Frau Sébiere wurde schliesslich im März 2008 tot in ihrer Wohnung gefunden. Die Todesumstände blieben unklar.

Hätte Frau Sébiere in der Schweiz gelebt oder wäre sie zum Sterben in die Schweiz gereist, hätte sie ganz legal von der Beihilfe zur Selbsttötung Gebrauch machen können. Die bekanntesten Schweizer Sterbehilfeorganisationen sind Exit und Dignitas. Sie bieten ihren Mitgliedern Begleitung und Unterstützung bei der Selbsttötung an und garantieren ihnen ein menschenwürdiges, schmerzloses und gefahrloses Sterben. Zunächst muss aber eine Ärztin oder ein Arzt feststellen, dass die sterbewillige Person an einer unheilbaren Krankheit, an unerträglichen Schmerzen oder unzumutbaren Behinderungen leidet.

Die Voraussetzungen und das Prozedere

Zwischen der Anmeldung des Sterbewunsches und der Sterbehilfe liegen meist mehrere Wochen. Betroffene treten Exit oder Dignitas bei, wenn sie nicht schon Mitglied sind. Beide Organisationen haben ein Team von freiwilligen Freitodbegleiterinnen und -begleitern. Diese klären in mehreren Gesprächen ab, ob die Voraussetzungen – unheilbare Krankheit, unerträgliche Schmerzen oder unzumutbare Behinderungen – erfüllt sind und ob der Wunsch, zu sterben, dem tatsächlichen Willen des Mitglieds entspricht.

Oft führt ein solches Gespräch nicht zu einer Sterbehilfe, weil die Bedingungen nicht erfüllt sind oder das Mitglied sich anders entscheidet. Manchen Menschen genügt nach den Gesprächen die Gewissheit, dass ein Notausgang offen ist. Bleibt es beim dringlichen Sterbewunsch, beschafft der Sterbehelfer ein Barbiturat, also ein Schlafmittel, das schnell und schmerzfrei wirkt. Die sterbewillige Person nimmt das in Wasser aufgelöste Medikament ein. Danach schläft sie innert weniger Minuten ein und gleitet schmerzlos und ruhig in den Tod hinüber. Das tödlich wirkende Mittel ist nur auf ärztliches Rezept erhältlich. Dieses wird entweder von der Hausärztin oder von einem Vertrauensarzt der Sterbehilfeorganisation ausgestellt.

Den Zeitpunkt und den Ort der Einnahme des Todestrunks bestimmt die sterbewillige Person selber. In der Regel erfolgt die Freitodbegleitung in ihrer Wohnung. Auf Wunsch können die Angehörigen bei der Verabreichung des Todestrunks anwesend sein. Immer dabei sind zwei Sterbehelfer der Organisation. Sie führen über den gesamten Prozess ein Protokoll und verständigen nach Eintritt des Todes die Strafuntersuchungsbehörde, denn jeder unnatürliche Tod ist zu melden. Die Polizei bietet dann den Amtsarzt auf, der eine Leichenschau vornimmt.

Eine Jahresmitgliedschaft bei Exit kostet 45 Franken; bei Dignitas zahlen Mitglieder 80 Franken pro Jahr, zusätzlich wird eine Eintrittsgebühr von 200 Franken erhoben. Für Dignitas-Mitglieder ist die Sterbebegleitung kostenlos, bei Exit erst nach dreijähriger Mitgliedschaft (Adressen im Anhang).

> **INFO** *Während Exit grundsätzlich nur Personen mit Wohnsitz in der Schweiz in den Tod begleitet, stellt die Organisation Dignitas ihre Dienstleistungen auch Menschen aus dem Ausland zur Verfügung. Diese Aktivitäten haben Dignitas den Vorwurf eingebracht, Sterbetourismus zu betreiben. Der Ruf nach verbindlichen Gesetzesbestimmungen ist wieder lauter geworden. Allerdings will der Bundesrat zurzeit kein neues Gesetz ausarbeiten.*

Was soll nach Ihrem Tod geschehen?

Die Rechtspersönlichkeit erlischt mit dem Tod. Über Ihren Körper darf man trotzdem nicht einfach nach Belieben verfügen. In erster Linie ist man verpflichtet, Ihre Anordnungen zu befolgen.

Bin ich allenfalls bereit, mein Herz oder ein anderes Organ zu spenden? Was soll generell mit meinem Körper passieren, wenn ich tot bin? Solche Fragen müssen Sie nicht abschliessend beantworten. Eigene Wünsche dazu halten Sie aber am besten schriftlich fest. Idealerweise informieren Sie auch Ihre Angehörigen, damit diese wissen, wie sie im Ernstfall handeln sollen. Sind Ihre Entscheidungen bekannt, müssen Ihre Angehörigen sie respektieren. Nur wenn Sie selber nichts verfügt haben, entscheiden die Angehörigen, was mit Ihrem Körper passieren soll.

Die Organspende

In der Schweiz herrscht ein Mangel an gespendeten Organen. Jedes Jahr warten über 1000 Menschen auf ein neues Herz, eine neue Niere oder ein anderes lebenswichtiges Organ. 2013 wurden 390 Organe von toten Spendern transplantiert; 73 Menschen, die auf der Warteliste standen, verstarben, weil sie nicht rechtzeitig ein Organ erhielten.

DIE 20-JÄHRIGE JEANETTE Z. liegt nach einem schweren Motorradunfall im Sterben. Es gibt für sie keine Rettung mehr. Da keine Erklärung zur Organentnahme vorliegt, fragt die Ärztin die Eltern als nächste Angehörige, ob sie einer Organspende zustimmen würden. Geschockt ob des plötzlichen Todes ihres Kindes, fühlen sich die Eltern kaum in der Lage, einen solchen Entscheid zu fällen.

Weshalb belastet die Ärztin Jeanettes Eltern überhaupt mit dieser Frage? Weil für Menschen, die an einem lebenswichtigen Organ erkrankt sind, jede Minute zählt, denn Lebenserwartung und -qualität nehmen von Tag zu Tag ab. Dank einer Transplantation können sie überleben. Patienten, die nicht an einem lebenswichtigen Organ erkrankt sind, können zwar durch Ersatzbehandlungen – zum Beispiel durch Blutwäsche – überleben, sind aber stark abhängig. Eine Organspende ermöglicht diesen Menschen neue Lebensqualität.

Für eine Spende infrage kommen Organe wie Herz, Lunge, Leber, Bauchspeicheldrüse, Nieren, Dünndarm oder Gewebe. Die untere Altersgrenze für Spenderinnen und Spender liegt bei 16 Jahren. Nach oben ist sie offen. Entscheidend ist einzig der Gesundheitszustand des Organs.

Nach der Organentnahme wird der Körper zugenäht und den Angehörigen für die Bestattung übergeben. Abgesehen von der Operationsnarbe verändert sich das Aussehen des Verstorbenen nicht.

Wann dürfen Organe entnommen werden?

Erst wenn der Tod feststeht, dürfen die Organe entnommen werden. Als tot gilt der Mensch, wenn die Funktionen des Hirns und des Hirnstamms irreversibel ausgefallen sind (Hirntod). Der Ausfall jeglicher Hirnfunktionen wird mit speziellen neurologischen Tests nachgewiesen. Dabei gilt: Die Ärzte, die den Tod feststellen, dürfen an der Transplantation nicht beteiligt sein. Das dient dem Schutz vor allfälligen Missbräuchen.

Laut dem eidgenössischen Transplantationsgesetz, das 2007 in Kraft getreten ist, dürfen einer verstorbenen Person Organe entnommen werden, wenn sie vor dem Tod einer Entnahme zugestimmt hat. Fehlt eine solche Erklärung, ist die Organentnahme nur erlaubt, wenn die nächsten Angehörigen zustimmen. Sind keine nächsten Angehörigen vorhanden oder erreichbar, ist die Entnahme nicht erlaubt.

WAS SPRICHT FÜR EINE ORGANSPENDE, WAS DAGEGEN?

Pro	Kontra
Eine Organspende kann einem Mitmenschen das Leben retten. Patienten, die nur dank aufwendiger Ersatzbehandlungen wie etwa Blutwäsche überleben, erlangen dadurch neue Lebensqualität.	Ob ein Mensch mit einem Hirnversagen für tot erklärt werden darf, ist umstritten: Zwar ist ein bewusstes Leben nicht mehr möglich, der oder die Betroffene kann aber unter Umständen noch atmen, wenn der Hirnstamm als Taktgeber für die Herz- und Lungenfunktionen noch arbeitet. Ist die Person dann wirklich tot?
Alle grossen Weltreligionen erlauben die Organspende, mit Ausnahme einzelner Vertreter des Islams, orthodoxer Juden und tibetischer Buddhisten.	Bis zur Organentnahme wird der Kreislauf des hinrntoten Spenders aufrechterhalten. Für die Angehörigen kann das belastend sein.
Organspende ist anonym und kostenlos. Bei der Zuteilung eines Organs darf niemand diskriminiert werden.	Missbräuche wie Organhandel oder Diskriminierung bei der Zuteilung lassen sich trotz strenger Vorschriften nie ganz ausschliessen.

Spenderausweis beschaffen

Wer sich für eine Organentnahme entschieden hat, kann sein Einverständnis in einer Patientenverfügung festhalten (siehe Seite 74). Oder noch einfacher: Sie beschaffen sich einen Spenderausweis. Dieser ist in Apotheken, beim Hausarzt oder in Spitälern gratis erhältlich oder im Internet zu beziehen (www.swisstransplant.org). Der Ausweis hat Kreditkartengrösse und findet im Portemonnaie Platz. Wenn Sie es sich anders überlegen, können Sie ihn einfach vernichten.

Der Spenderausweis wird von Swisstransplant herausgegeben, der schweizerischen nationalen Stiftung für Organspende und Transplantation. Darauf können Sie ankreuzen, dass Sie

a) im Fall Ihres Todes die Entnahme jeglicher Organe aus Ihrem Körper gestatten, deren Transplantation bei einem anderen Menschen möglich ist;

b) im Fall Ihres Todes die Organentnahme gestatten, jedoch mit der Ausnahme einzelner im Spenderausweis aufgeführter Organe;

c) im Fall Ihres Todes keine Entnahme von Organen aus Ihrem Körper gestatten.

TIPP *Teilen Sie Ihren Entscheid Ihren nächsten Angehörigen und Ihrer Ärztin mit. Sollte man dann Ihren Spenderausweis oder Ihre Patientenverfügung nicht rechtzeitig finden, kennen diese Ihren Willen und können im Ernstfall danach handeln.*

Die Körperspende

Anatomische Präparier- und Operationskurse an Leichen sind ein wichtiger Bestandteil in der Aus- und Weiterbildung von Ärztinnen und Ärzten. Studierende der Medizin lernen in praktischen Kursen an der Leiche den komplexen Bau des menschlichen Körpers kennen; angehende Fachärzte üben herkömmliche Operationstechniken und entwickeln neue Verfahren. Die medizinischen Lehranstalten und die Forschung sind daher auf Körperspenden angewiesen.

Es gibt keine Altersgrenzen für eine Körperspende. Nur bei gravierenden Infektionskrankheiten und schweren Verletzungen ist eine Körperspende nicht möglich.

Das Anatomische Institut der Universität übernimmt die Kosten für den Transport des Leichnams vom Sterbeort in der Schweiz bis zum Institut, für den Sarg und die Kremation. Für die Körperspende wird nichts gezahlt. Es besteht auch keine Verpflichtung der Universität, einen gespendeten Körper zu übernehmen.

TIPP *Wenn Sie Ihren toten Körper der Forschung verschreiben möchten, setzen Sie sich am besten mit dem anatomischen Institut der nächstgelegenen Universität in Verbindung. Dort können Sie auch eine Informationsbroschüre bestellen (Adressen im Anhang).*

Leichenschau und Obduktion

Bei Verdacht auf ein Tötungsdelikt oder auf Selbsttötung sowie bei Unfällen veranlasst die Polizei eine amtliche Leichenschau. Diese dient der Feststellung von Todeszeit, -art und -ursache. Leichenschau bedeutet: Untersuchung des entkleideten Leichnams, wobei die Ergebnisse in Wort und Bild dokumentiert werden. Ergibt die Leichenschau keine sicheren Aufschlüsse, kann die Untersuchungsbehörde eine gerichtliche Obduktion anordnen.

Eine Obduktion oder Autopsie ist eine Leichenöffnung zur Abklärung der Todesursache. Sie gleicht im Wesentlichen einem chirurgischen Eingriff. Bei der Obduktion wird der Brust- und Bauchraum geöffnet, die inneren Organe und das Gehirn werden herausgenommen und untersucht. Nach der Untersuchung legt man die Organe und das Gehirn wieder in den Körper, der zugenäht, sorgfältig zurechtgemacht und meist nach zwei bis drei Tagen für die Bestattung freigegeben wird.

Braucht es die Zustimmung zur Obduktion?

Im Krankenhaus Verstorbene werden dann obduziert, wenn die Todesursache unklar ist. Dabei kann auch ein ärztlicher Behandlungsfehler festgestellt werden. Wann eine Obduktion durchgeführt werden darf oder muss, bestimmen kantonale Richtlinien. Neuere Erlasse wie zum Beispiel die revidierte Patientenverordnung des Kantons Zürich erlauben die Obduktion nur noch, wenn der Verstorbene selber oder seine Angehörigen ausdrücklich zugestimmt haben. Ältere kantonale Bestimmungen dagegen erlauben die Obduktion, ausser es liegt ein Verbot des Verstorbenen oder seiner Angehörigen vor. Wenn Sie eine Obduktion ablehnen, haben Sie die Möglichkeit, sie in einer Patientenverfügung vorsorglich zu verbieten (siehe auch Seite 74).

In zwei Fällen dürfen die Behörden auch gegen Ihren Willen oder den Ihrer Angehörigen eine Obduktion anordnen:

■ aus gesundheitspolizeilichen Gründen bei Verdacht auf eine gemeingefährliche, übertragbare Krankheit
■ aus kriminalpolizeilichen Gründen, wenn der Verdacht auf ein Tötungsdelikt vorliegt

4

Die Beerdigung ordnen

Wie stelle ich mir meine letzte Ruhestätte vor – auf dem Friedhof

oder an einem anderen Ort? Wie soll mein Umfeld mich dorthin

geleiten – traditionell im Rahmen eines Gottesdienstes? Oder

passt etwas Alternatives besser zu mir? Dieses Kapitel befasst sich

mit gebräuchlichen und anderen Abschiedsriten und damit, wie

Sie vorgehen können, wenn Sie eigene Vorstellungen von Ihrer

Reise ins Jenseits haben.

Die Bestattung: Erde oder Feuer?

In der Schweiz gibt es drei Bestattungsarten: die Erdbestattung, die Feuerbestattung, auch Kremation genannt, und – beschränkt auf einzelne Regionen – die Gruftbestattung.

Bei der Erdbestattung wird der Leichnam in einem Sarg in die Erde gelegt. Bei der Feuerbestattung verbrennt man den Leichnam mit dem Sarg; die Asche wird danach in eine Urne gelegt und den Angehörigen für die Beisetzung übergeben. Die Gruftbestattung wird nur in der Romandie und im Tessin praktiziert; statt in die Erde legt man den Verstorbenen in einem Zinksarg mit Druckluftfilter in eine Grabgruft. Erdbestattung ist nur auf einem Friedhof erlaubt. Normalerweise ist das der Friedhof derjenigen Gemeinde, in der die verstorbene Person zuletzt ihren Wohnsitz hatte. Bestattungen auf einem Friedhof ausserhalb der Wohngemeinde sind möglich, aber in der Regel bewilligungs- und kostenpflichtig.

Wenn Sie in einer anderen Gemeinde bestattet werden möchten, müssen Sie zuerst an Ihrem Wohnsitz abklären, ob und zu welchen Bedingungen das möglich ist. Danach können Sie Ihre Wunschgemeinde kontaktieren und mit beiden Gemeinden alles schriftlich regeln. Zudem ist es empfehlenswert, die Überführung in die andere Gemeinde schon zu Lebzeiten zu regeln.

Bei der Kremation oder Feuerbestattung sind Sie und Ihre Angehörigen freier: Sie können selber bestimmen, was mit Ihrer Urne und Ihrer Asche geschehen soll. Insbesondere müssen Sie nicht zwingend auf einem Friedhof beigesetzt werden. Ob Ihre Asche an einem von Ihnen geliebten Platz aufbewahrt oder irgendwo verstreut werden soll, halten Sie am besten schriftlich fest (siehe Seite 101). In der Schweiz werden 70 Prozent aller Verstorbenen kremiert.

GUT ZU WISSEN *Auch Konfessionslose haben das Recht auf eine übliche Erd- oder Feuerbestattung und eine Beisetzung auf dem Friedhof.*

Auf dem Friedhof

Die Bestattungs- und Friedhofsregeln sind von Kanton zu Kanton und von Gemeinde zu Gemeinde unterschiedlich. Die Vorschriften finden sich in den kantonalen Bestattungsverordnungen und in den Bestattungs- und Friedhofordnungen der Gemeinden. Jede Gemeinde hat ihre eigenen Regeln für die Grabarten, die Grabgestaltung und die Grabpflege. In der Stadt Zürich zum Beispiel reicht das Spektrum vom Reihengrab über das Familiengrab für beide Bestattungsarten bis hin zum Gemeinschaftsgrab. Die Ruhezeit beträgt in Zürich für alle Gräber 20 Jahre, für ein gemietetes Familiengrab mindestens 50 Jahre.

TIPP *Erkundigen Sie sich bei Ihrer Wohngemeinde nach den Bestattungs- und Friedhofsregeln und fragen Sie nach Merkblättern. Viele Gemeinden sind auch im Internet präsent.*

Das Grab gestalten

Die Friedhofsreglemente setzen den persönlichen Wünschen in Sachen Grabgestaltung oft enge Grenzen. Bei Reihengräbern sind in der Regel nur bestimmte gängige Pflanzen und Grabsteine, Kreuze, Figuren oder Plastiken in diskreten Farbtönen erlaubt. Mietgräbern lassen oft eine individuellere Gestaltung zu.

Je nach Gemeinde können die Familienangehörigen die Gräber selber bepflanzen oder diese Aufgabe an das Friedhofsamt übertragen, wobei die Kosten unterschiedlich ausfallen. In der Stadt Zürich beispielsweise dürfen die Angehörigen das Grab zwar nach eigenen Vorstellungen bepflanzen, die laufende Grabpflege durch die Friedhofsgärtner ist aber dennoch obligatorisch.

Das Grabmal ist ein Zeichen der Erinnerung und der Würdigung eines geliebten Menschen. Es besteht jedoch keine Pflicht, ein solches Gedenkzeichen zu setzen. Je nach Grabart und Friedhof besteht eine Wartefrist von bis zu zwölf Monaten, bis man einen Grabstein errichten darf. Ein Grabmal kostet 2000 bis 5000 Franken.

TIPP *Wenn Sie im Internet den Begriff «Grabmal» oder «Grabstein» eingeben, listet die Suchmaschine verschiedene spezialisierte Bildhauer.*

Die Natur als letzte Ruhestätte

Im Gegensatz zur Erdbestattung, die nur auf einem Friedhof zugelassen ist, können Sie bei einer Kremation wählen, was mit Urne und Asche geschehen soll.

Die Natur als letzte Ruhestätte bietet beispielsweise die Organisation «Friedwald» an. Sie verfügt über spezielle Wald- oder Weideparzellen an verschiedenen Standorten in der Schweiz – von A wie Aarburg bis Z wie Zumikon – . Zu Lebzeiten kann man verfügen, wo man seine Asche ins Erdreich eingebracht haben möchte. Es ist auch möglich, einen bestehenden Baum zu kaufen oder einen neuen pflanzen zu lassen, zu dessen Wurzeln dann die Asche eingebracht wird. Der Baum wird diskret mit einer Nummer oder einem Buchstaben gekennzeichnet. Die Totenruhe beträgt bis zu 99 Jahre und ist durch einen entsprechenden Grundbucheintrag sichergestellt.

Ein eigener Baum ist ab 5000 Franken erhältlich. Dazu gehört auch das Recht, sich und seine Angehörigen dort bestatten zu lassen.

WOHIN MIT DER ASCHE? – SPEZIELLE BESTATTUNGSARTEN

Wer es ausgefallen mag, kann eine kleine Menge seiner Asche auf eine Umlaufbahn um die Erde, auf den Mond oder **auf eine Reise durchs All schicken** lassen – ein Angebot der amerikanischen Firma Space Services Inc. Die Asche fliegt in einer kleinen Kapsel mit einer Trägerrakete ins All. Die Hinterbliebenen können beim Start der Trägerrakete mit anschliessender Feier in den USA dabei sein. So liess zum Beispiel Schauspieler James Doohan, der in der TV-Kultserie «Raumschiff Enterprise» den Bordingenieur Scott spielte («Beam me up, Scotty!»), seine Asche 2007 ins All schiessen. Die Reise einer mit Asche gefüllten Kapsel ins All kostet zwischen 995 und 12 500 Dollar (www.memorialspaceflights.com).

Da ein Diamant chemisch nichts anderes ist als Kohlenstoff, also der Hauptbestandteil der menschlichen Asche, ist es technisch möglich, aus der Asche eines Verstorbenen **einen Diamanten zu kreieren.** Möglich macht dies die Schweizer Firma Algordanza zu einem Preis ab 4259 Franken (www.algordanza.ch). ■

Neben privaten Organisationen bieten immer mehr Gemeinden wie zum Beispiel die Stadt Winterthur ihren Einwohnern Baumbestattungen auf speziellen Parzellen an.

Eine Naturbestattung muss nicht zwingend auf einer speziellen Parzelle in einem Friedwald oder beim Friedhof sein. Sie können Ihre Asche irgendwo verstreuen lassen, sei dies im See oder Fluss, auf einem Berg, im Wald oder auch im eigenen Garten. Angehörige brauchen für den Vollzug Ihres Wunsches auch keine Bewilligung.

Virtuell weiterleben?

Die neuen Medien bieten auch neue Formen der Hinterlassenschaft: Neben dem irdischen Grabplatz können Sie sich für die Zeit nach Ihrem Tod zum Beispiel eine digitale Gedenkstätte mit Informationen zu Ihrem Leben inklusive Fotos oder Videos einrichten. Dabei bestimmen Sie selber, wer Zugriff auf die Daten haben soll. Websites wie www.stayalive.com oder www.emorta.de machens möglich.

Sind Sie aktiv auf Plattformen wie Myspace, Facebook, Twitter und Co.? Haben Sie E-Mail oder gar eine eigene Website oder einen Blog? Damit Ihre Angehörigen nach Ihrem Tod Zugang zu diesen Daten haben, sollten Sie unbedingt dafür sorgen, dass diese Personen auch Zugriff auf die entsprechenden Passwörter haben – sonst bleiben Ihre Daten im Netz. Für die Angehörigen ist es mühsam bis unmöglich, ohne Zugangsdaten Ihr digitales Erbe zu verwalten und zu schützen.

Facebook ermöglicht den Angehörigen eines verstorbenen Nutzers immerhin, dessen Profil in einen Gedenkstatus zu transferieren; die Kontaktinformationen und Status-Updates werden entfernt, das Profil inklusive Fotos bleibt aber zugänglich. Im Internet finden sich inzwischen verschiedene Anbieter von virtuellen Tresoren. Sie können eine solche Firma beauftragen, alle Ihre Internet-Accounts nach Ihrem Tod zu deaktivieren, zu ändern oder an eine andere Person zu übertragen. Der Anbieter SecureSafe beispielsweise wirbt damit, dass diese Daten auf seinen Servern in einem ehemaligen Militärbunker in den Schweizer Bergen sicher gespeichert werden.

So oder so gibt es aber keine Garantie, dass solche Dienstleister auch Jahre später noch existieren. Womöglich ist Ihnen daher die alte, «analoge» Methode sympathischer: Sie können Anordnungen in digitalen Belangen auch in Ihrem handschriftlichen Testament hinterlassen. Listen Sie darin alle Accounts mit den Passwörtern auf und bestimmen Sie, was mit den Daten passieren soll. Sie können auch einen Willensvollstrecker damit beauftragen, zum Beispiel einen in der digitalen Welt bestens bewanderten Neffen.

MUSTER: REGELUNG DES DIGITALEN NACHLASSES

Meinen digitalen Nachlass möchte ich wie folgt geregelt haben:

1. Mein E-Mail-Account: ernst.frieden@gmail.com ist zu löschen. Passwort: Grummel
2. Meine Fotosammlung auf Flickr vermache ich meiner Freundin Karin Stein, Wohlhausen. Benutzername: Shooter; Passwort: Immergrün.

(Variante: Ich beauftrage meinen Neffen, Christian Schöller, meine Profile auf Facebook und Xing zu löschen. Benutzername: ernst.frieden@gmail.com; Passwort: Immerfroh)

Datum und Unterschrift   ■

Die Trauerfeier: traditionell oder alternativ?

Jede Gesellschaft kennt ihre eigenen Bräuche im Umgang mit dem Tod. Bei uns ist es Tradition, eine öffentliche Trauerfeier, auch Abdankung genannt, abzuhalten. Sie ist geprägt von Abschiedsritualen wie etwa dem Segnen des Grabs.

Ritual heisst nichts anderes als «feierlicher Brauch». Die Rituale sollen den Verstorbenen vom Diesseits ins Jenseits geleiten. Und sie sollen es den Angehörigen, Freunden und Bekannten ermöglichen, in einem feierlichen Rahmen von der verstorbenen Person Abschied zu nehmen, sich gegenseitig Trost zu spenden und Trost zu empfangen.

Niemand ist verpflichtet, eine öffentliche Trauerfeier abzuhalten oder daran teilzunehmen. Vor allem in städtischen Gebieten findet sie oft nur noch im engsten Familienkreis statt. Fachleute für Trauerbewältigung betonen allerdings, dass die Angehörigen so kurz nach dem Tod oft nicht in der Lage sind, zu erkennen, wie wichtig eine öffentliche Feier für den Trauerprozess ist.

Wie und in welchem Rahmen die Trauerfeier stattfinden soll, entscheiden nach Ihrem Tod Ihre nächsten Angehörigen. Wenn Sie eigene Vorstellungen haben und Ihre Angehörigen entlasten möchten, können Sie zu Lebzeiten festhalten, welche Art von Zeremonie Sie wünschen.

Die kirchliche Feier

Auch wenn Sie sich mit der Kirche nicht besonders verbunden fühlen, kann eine kirchliche Feier für Ihre Angehörigen sehr wichtig sein. Auch wenn Sie solche Zeremonien ablehnen, sollten Sie an Ihre Hinterbliebenen. Denn sie möchten den Schmerz des Verlustes verarbeiten können; vielen ist das feierliche Beisammensein in der Kirche eine Hilfe (wie die kirchliche Feier verläuft, können Sie auf Seite 148 nachlesen).

Je nach Gemeinde ist die Benutzung der Abdankungshalle und der Friedhofskapelle kostenlos. Zu bezahlen sind aber Extras wie Blumenschmuck oder musikalische Einlagen. Es ist üblich, dass die Trauergäste beim Hinausgehen eine Spende für die Kirche oder für eine gemeinnützige Organisation abgeben.

GUT ZU WISSEN *Auch wenn Sie aus der Kirche ausgetreten sind, ist eine kirchliche Trauerfeier und eine Bestattung dennoch möglich. Je nach Gemeinde übernimmt die Kirche diesen Dienst aus Rücksicht auf die Hinterbliebenen kostenlos. Andere, zum Beispiel die reformierten Landeskirchen Aargau, St. Gallen, beider Appenzell, Glarus sowie Bern-Jura-Solothurn, haben Tarife festgelegt.*

Das Leidmahl

Das Leidmahl ist ein alter Brauch und ein Symbol für das Leben: Indem die Trauergemeinde nach der Trauerfeier gemeinsam Nahrung zu sich nimmt, kehrt sie symbolisch zurück vom Reich der Toten in die Welt der Lebenden. Oft geht es an einem Leidmahl ganz gesellig zu und her. Verwandte und Bekannte, die sich lange nicht gesehen haben, sprechen von der verstorbenen Person, tauschen Erinnerungen aus und unterstützen sich in ihrer Trauer.

Den Ort fürs Leidmahl können Sie schon zu Lebzeiten festlegen, sei es Ihr Lieblingsrestaurant oder ein schönes Plätzchen für ein Picknick. Das Restaurant sollte über einen Saal verfügen, damit die Trauergemeinde unter sich ist. Ein einfaches Leidmahl für rund 40 Personen kostet etwa 1600 Franken.

Eine etwas andere Trauerfeier

Ihre Trauerfeier muss nicht im kirchlichen Rahmen abgehalten werden. Auch ein freischaffender Theologe, eine Ritualbegleiterin oder ein Bestattungsredner kann als Zeremonienmeister amten. Die Trauerfeier muss auch nicht in Friedhofsnähe stattfinden. Ein feierlicher Abschied im Wald, auf hoher See, in den Bergen oder an Ihrem Lieblingsplatz ist genauso möglich.

Idealerweise besprechen Sie Ihre persönlichen Wünsche mit einer Ihnen nahestehenden Person und beauftragen diese, nach Ihrem Tod dafür zu

BEISPIEL: ABMACHUNGEN MIT DER RITUALBERATERIN

«Vielen Dank für die offenen Gespräche zu Ihrer Abschiedsfeier und Bestattung. Wir haben vereinbart, dass Ihre Schwester Erika die Ansprechpartnerin für die Ritualberaterin und Gestalterin der Abschiedsfeier im nichtkirchlichen Rahmen sein wird. Es ist vorgemerkt, dass es bei der Abschiedsfeier darum gehen soll, was Ihre Angehörigen wollen und brauchen.

Ich habe mir eine Notiz gemacht, dass es Ihr Wunsch ist, dass Max Müller mit seinem Musikensemble «Den alten Engländer» spielen soll. Auch werden wir in irgendeiner Form Rosen, Ihre Lieblingsblumen, als Symbol der Herzensverbindung einbeziehen. Als weiteres Symbol für Herzenswärme werden wir Schwimmkerzen einsetzen. Nach der Beisetzung werden für alle Kaffee und Gipfeli im Café Waldheim serviert.

Ich versichere Ihnen, dass wir Ihrem Wunsch gemäss über das Leben und die Realität sprechen und nachdenken und dass wir keine Hypothesen über ein Leben nach dem Tod aufstellen werden. Ich werde dafür besorgt sein, dass sich alle an der Feier teilnehmenden Menschen angesprochen und wohl fühlen. Den vorgesehenen Ablauf der Feier können Sie jederzeit wieder ändern.»

sorgen, dass alles nach Ihrer Vorstellung abläuft. Oder Sie engagieren einen freischaffenden Theologen oder eine Ritualberaterin und bereiten mit ihm oder ihr Ihren Abschied vor (Adressen im Anhang).

Rituale können helfen, die konkrete Wirklichkeit des Todes sinnlich zu begreifen und in einer angemessenen Form Abschied zu nehmen und loszulassen. Befasst man sich schon zu Lebzeiten damit, können in der Familie und im Freundeskreis anregende Gespräche entstehen. Entscheidend ist, dass man ein Form findet, die einerseits dem Wesen des verstorbenen Menschen entspricht und anderseits die Hinterbliebenen berührt.

Anordnungen zur Bestattung

Sie haben das letzte Wort. Sie selber können über Ihre Beerdigung bestimmen: über das Wie und Wo, über die Art der Trauerfeier. Und sogar Ihre Todesanzeige dürfen Sie selber verfassen.

Am besten halten Sie Ihre Anordnungen schriftlich fest. Da es sich bei der Bestattungsanordnung nicht um ein Testament im juristischen Sinn handelt, sind Sie nicht an die strengen gesetzlichen Testamentsvorschriften gebunden. Es spielt also keine Rolle, ob Sie Ihre Wünsche in einem maschinen- oder handgeschriebenen Brief oder auf einem Formular festhalten (eine Vorlage zum Ausfüllen finden Sie im Anhang).

Der Vorsorgevertrag

Statt selber eine Bestattungsanordnung aufzusetzen, können Sie mit einem Bestattungsinstitut oder einer Ritualberaterin einen Vorsorgevertrag abschliessen. Darin kaufen Sie einzelne Dienstleistungen ein oder planen detailliert die Bestattung, die Trauerfeier und Grabgestaltung und beauftragen das Unternehmen damit. Alternativ betrauen Sie einen nahestehendn Menschen damit und hinterlegen den nötigen Betrag auf einem speziellen Bankkonto (mehr zu den Kosten auf Seite 103 und 145).

Wo aufbewahren?

Damit Ihre Anordnung zur Bestattung oder der Vorsorgevertrag im Todesfall rechtzeitig aufgefunden wird, bewahren Sie das Original am besten
im Familienbüchlein respektive -ausweis oder beim Schriftenempfangsschein auf. Händigen Sie eine Kopie einer Vertrauensperson aus oder
deponieren Sie sie beim Zivilstandsamt Ihrer Wohngemeinde. Auf keinen
Fall sollten Sie Ihre Bestattungswünsche im Testament niederschreiben
oder ins Testament legen. Denn die Testamentseröffnung findet erst nach
der Beerdigung statt!

ACHTUNG! *Falls Sie später umziehen: Denken Sie daran,
die bei der Gemeinde deponierten Bestattungsanordnungen
abzuholen. Diese werden nicht automatisch an Ihre neue Wohngemeinde weitergeleitet.*

Die Rolle der Angehörigen

Niemand ist verpflichtet, selber vorzusorgen. Sie können die Entscheidungen auch Ihren Angehörigen überlassen. Denken Sie daran, dass die Hinterbliebenen ganz unterschiedlich auf Ihre Verfügungen reagieren können:
Die einen mögen angenehm überrascht sein, wenn ihnen viele Entscheidungen abgenommen werden und das Bestattungsunternehmen alles organisiert. Andere können sich aber vor den Kopf gestossen fühlen – sei
es, weil sie Mühe mit der gewählten Bestattungsart haben, sei es, weil sie
sich gerne selber um die Beerdigung gekümmert hätten.

KARL F., 40-JÄHRIG UND LEDIG, findet es spiessig, in einem
gewöhnlichen Reihengrab zu liegen. Er verfügt, dass man ihn
anonym im Gemeinschaftsgrab bestatten soll. Kurz danach verunfallt er
tödlich. Seine Mutter leidet sehr darunter, dass die Asche ihres Sohnes
irgendwo auf der schmucklosen Wiese des örtlichen Friedhofs liegt. Es
hätte ihr bei der Trauerarbeit sehr geholfen, wenn sie sein Grab mit
Blumen und einem passenden Grabstein hätte schmücken können.

Sprechen Sie mit Ihren Angehörigen, bevor Sie Ihre Anordnungen zur
Bestattung treffen. Die Trauerfeier ist nicht nur Ihre Feier, sie hilft viel-

mehr den Hinterbliebenen, die Trauer zu bewältigen. Schliesslich sind sie es, die den Verlust des geliebten Menschen verkraften müssen. Denken Sie an Ihre entfernteren Verwandten, Freunde und Bekannten, bevor Sie eine Abdankung im engsten Familienkreis verfügen, die alle anderen von der Trauerfeier ausschliesst. Lassen Sie sich auch vom Pfarrer, von einer Ritualbegleiterin oder einem Bestattungsunternehmen beraten.

Streit unter Angehörigen vermeiden

Wenn Sie nichts verfügen, bestimmen die nächsten Angehörigen über das Wie und Wo der Bestattung. Juristisch spricht man vom Recht auf Totenfürsorge. Leider kommt es hin und wieder vor, dass Angehörige sich nicht einig sind. Und manchmal arten diese Meinungsverschiedenheiten in peinliche Auseinandersetzungen aus (Beispiele unschöner Streitfälle finden Sie auf Seite 144).

Mit juristischen Mitteln lassen sich solche Konflikte nicht befriedigend lösen. Wenn die Gefahr besteht, dass Ihre Nächsten sich nicht einigen können, empfiehlt es sich, frühzeitig selber für klare Verhältnisse zu sorgen. Haben Sie eigene Wünsche, sollten Sie diese schriftlich festhalten. Möchten Sie sich lieber nicht festlegen, können Sie auch einer bestimmten Person – etwa Ihrer Lebenspartnerin oder Ihrer besten Freundin – das Recht auf Totenfürsorge einräumen.

FORMULIERUNG: ÜBERTRAGEN DER TOTENFÜRSORGE

«Ich übertrage meiner Lebenspartnerin, Hanna Meier, das Recht auf Totenfürsorge. Sie allein entscheidet über meine Bestattung, die Trauerfeierlichkeiten und die Grabpflege. Die Kosten sind von meinem Nachlass zu tragen.

Zürich, 19. Juli 2014, Hans Sieber» ■

Die Kosten für die Bestattung

Die Dienstleistungen des örtlichen Zivilstands- und Bestattungsamts sind sehr unterschiedlich; sowohl Umfang wie Kosten des Services variieren beträchtlich. Während etwa die Gemeinden im Kanton Bern fast nichts übernehmen und alles den Angehörigen überlassen, bieten die Zürcher Gemeinden einen grosszügigen Dienst an der Gemeinschaft. Sie organisieren kostenlos das Einsargen, den Transport, die Kremation, die Überführung der Urne auf den Friedhof; die Angehörigen müssen sich nur noch um die Trauerfeier kümmern. Extras wie Blumenschmuck oder musikalische Darbietungen gehen zulasten der Trauerfamilie.

> **TIPP** *Was der Kanton oder die Gemeinde leistet, ist in den kantonalen und kommunalen Bestattungs- und Friedhofsverordnungen festgehalten. Erkundigen Sie sich auf der Gemeindekanzlei, welche Dienstleistungen sie im Todesfall übernimmt.*

Vielerorts, insbesondere in der Inner- und Westschweiz sowie im Wallis und Tessin, müssen die Hinterbliebenen sich um das meiste selber kümmern. Das macht den Gang zu einer privaten Bestattungsfirma nötig. Diese übernimmt entweder nur einzelne Aufgaben oder sämtliche Dienstleistungen rund um den Todesfall (was alles zum Angebot gehört, erfahren Sie auf Seite 147).

Was Ihre Bestattung kosten wird, ist also einerseits abhängig von der Wohnsitzgemeinde, anderseits von Ihren eigenen Ansprüchen und den Wünschen Ihrer Angehörigen. Eine Bestattung mit allem Drum und Dran kostet schnell einmal mehrere Tausend Franken.

Wer kommt für die Bestattungskosten auf?

Haben Sie nichts bestimmt, zählt man sämtliche Bestattungskosten inklusive Grabmal und Grabpflege zu den Erbgangsschulden. Das heisst, sie werden aus Ihrem Nachlass bezahlt, bevor der Rest unter den Erben geteilt wird.

Auch hier ist es möglich, vorzusorgen. So können Sie den Aufwand für die Beerdigung selber bestimmen und den mutmasslichen Betrag auf einem speziellen Konto deponieren. Im Kanton Zürich zum Beispiel werden solche Vorauszahlungen maximal zum Sparkontozins der Zürcher Kantonalbank verzinst.

Daneben gibt es weitere Finanzierungsmöglichkeiten: Der Schweizerische Verband der Bestattungsdienste bietet in Zusammenarbeit mit einem Versicherer eine spezielle Vorsorgepolice an; mehr dazu finden Sie im Internet unter www.bestatter.ch (→ Vorsorge). Einzelne Bestatter haben sich bei

BEISPIEL: BUDGET FÜR EIN PRIVATES BESTATTUNGSUNTERNEHMEN

Budget für Feuerbestattung, Abdankungsfeier, Urneneisetzung im Urnenreihengrab in Bern, Grabmal und Grabunterhalt:

Sarg «Mimosa»	Fr.	800.–
Sargdekoration (Polsterung, Kissen, Blumenschmuck)	Fr.	700.–
Leidzirkulare und Danksagungskarten (40 Stück)	Fr.	440.–
Todesanzeige in der «Berner Zeitung»	Fr.	550.–
Cellospiel an Abdankung	Fr.	300.–
Leidmahl Restaurant Johanniter, ca. 40 Personen	Fr.	1 700.–
Grabkreuz	Fr.	180.–
Grabmal	Fr.	3 000.–
Urnenreihengrab (inklusive Grabunterhalt)	Fr.	2 550.–
Kosten für Aufbahrung, Kremation, Urnenbeisetzung	Fr.	1 030.–
Kosten für Einbetten und Überführung	Fr.	600.–
Miete Kapelle mit Dekoration	Fr.	220.–
Honorar für vereinbarte Dienstleistungen	Fr.	440.–
Total	**Fr.**	**12 510.–**

der Stiftung Schweizerische Bestattungsvorsorge (SSBV) angeschlossen; diese bietet ebenfalls einen Vorsorgevertrag an. Die Stiftung legt die vereinbarte Summe an, erteilt nach Ihrem Tod dem Bestattungsinstitut Ihrer Wahl den Auftrag, alle vertraglich geregelten Dienstleistungen zu erbringen, und bezahlt diese aus der angelegten Vorsorgesumme.

Bei der Grabpflegestiftung des Verbandes Schweizer Gärtnermeister, Pro Luminate, können Sie sich nur die Kosten für die Grabpflege berechnen lassen und diese Summe im Voraus einzahlen. Die Stiftung beauftragt dann den von Ihnen bestimmten Gärtner mit der Grabpflege und zahlt die Kosten dafür aus der hinterlegten Vorsorgesumme (Adresse im Anhang).

Teil 2

Leitfaden für Angehörige

5

Einen Angehörigen pflegen

Wer den Vater, die Partnerin, den Ehemann pflegt, übernimmt eine anspruchsvolle, anstrengende Arbeit. Umso wichtiger ist es, gleich von Anfang an die Abläufe optimal zu planen, genaue Vereinbarungen zu treffen, Grenzen zu setzen und Finanzielles befriedigend zu klären.

So bereiten Sie sich auf die Pflege vor

Wenn Angehörige vor die Frage gestellt werden, ob sie die Pflege eines nahestehenden Menschen übernehmen wollen, sind sie nicht selten einem grossen Druck ausgesetzt: Das Umfeld geht oft davon aus, dass sie das Familienmitglied betreuen werden.

In der Schweiz pflegen Schätzungen zufolge um die 220 000 Frauen und 30 000 Männer ein Familienmitglied. Nach wie vor wird dies meist als Selbstverständlichkeit betrachtet. Und auch die Angehörigen selbst glauben, dass dies der moralisch richtige Schritt ist. Wer die Pflege nicht übernehmen kann oder will, kämpft oft mit Schuld- und Versagensgefühlen.

Bevor Sie Ja sagen

Die Betreuung und Begleitung eines kranken Menschen ist eine anspruchsvolle, aufwendige Aufgabe. Nicht immer ist es die beste Lösung, wenn sie von einem Angehörigen übernommen wird. Es gibt Situationen, in denen das sogar der falsche Schritt wäre. Deshalb ist es wichtig, genau abzuklären und sorgfältig abzuwägen, was für und was gegen die Übernahme der Pflege spricht.

Nehmen Sie sich genügend Zeit, und nehmen Sie sich die innere Freiheit für dieses Abwägen. Auch wenn man Sie zu einer raschen Entscheidung drängt (oder Sie sich dazu gedrängt fühlen), sollten Sie sich unbedingt Bedenkzeit ausbedingen. Suchen Sie sich einen ruhigen Ort und schreiben Sie alles auf, was Ihnen zu der Pflegeübernahme in den Sinn kommt, ohne dabei zu werten. Halten Sie fest, weshalb Sie diesen Schritt erwägen:

- aus Zuneigung zum Kranken?
- aus reinem Verantwortungs- und Pflichtgefühl?
- um Schuldgefühle zu vermeiden?
- um etwas Sinnvolles zu tun?
- aus christlicher Überzeugung?

Die Erfahrung zeigt, dass verschiedene Faktoren das Gelingen der Pflege erschweren können. Machen Sie deshalb eine Bestandsaufnahme: Wer hat welche Interessen? Wo stehen Sie? Wie geht es Ihnen? Gegen die Übernahme einer Pflege sprechen zum Beispiel folgende Tatsachen:

- Sie fühlen sich kräftemässig überfordert.
- Es gibt bessere Möglichkeiten der Pflege oder Betreuung.
- Sie sind bereits anderweitig sehr beansprucht.
- Es sind finanzielle Interessen im Spiel – zum Beispiel Erbfragen.
- Sie werden von Verwandten oder Freunden zur Übernahme der Pflege gedrängt.
- Sie glauben, ein früheres Versprechen gegenüber dem Kranken einlösen zu müssen.

Wie gut ist die Beziehung?
Voraussetzung für eine erfolgreiche Pflege ist eine gute Beziehung zwischen Ihnen und dem Patienten. Gibt es versteckte Ressentiments oder alte Verletzungen, die nie aufgearbeitet wurden, kann die Betreuung sehr schwierig werden.

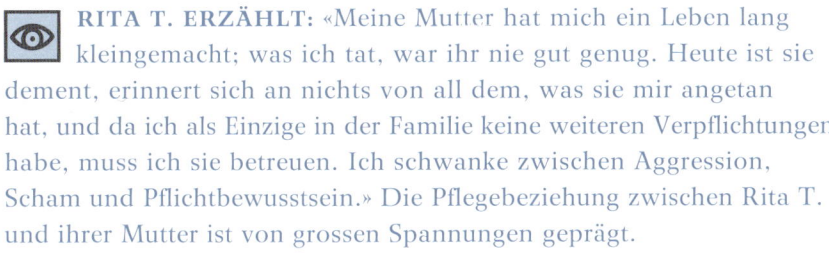

RITA T. ERZÄHLT: «Meine Mutter hat mich ein Leben lang kleingemacht; was ich tat, war ihr nie gut genug. Heute ist sie dement, erinnert sich an nichts von all dem, was sie mir angetan hat, und da ich als Einzige in der Familie keine weiteren Verpflichtungen habe, muss ich sie betreuen. Ich schwanke zwischen Aggression, Scham und Pflichtbewusstsein.» Die Pflegebeziehung zwischen Rita T. und ihrer Mutter ist von grossen Spannungen geprägt.

Bevor Sie eine Pflege übernehmen, gilt es deshalb, ganz ehrlich mit sich selbst zu sein. Nehmen Sie Ihre Beziehung zum kranken Familienmitglied unter die Lupe. Wenn nicht ein grundsätzlich wohlwollendes Verhältnis vorhanden ist, besteht die Gefahr, dass es unter der Belastung einer Pflegebeziehung zu Aggressivität, ja sogar zu Gewalt oder einem depressiven Rückzug kommt – und zwar auf beiden Seiten.

Ihre eigenen Pläne
Überlegen Sie sich: Was hatten Sie vor, bevor Sie mit dem Thema Pflegeübernahme konfrontiert wurden? Welche Träume und Ideen hegen Sie?

Prüfen Sie, ob Sie mit der Verwirklichung noch eine Zeit lang zuwarten können – oder eben nicht. Auch hier gilt: Seien Sie ehrlich mit sich selber. Sie sollten Ihr eigenes Leben nicht für einen anderen Menschen, denn daraus kann nichts Gutes entstehen. Wer sich hingegen nach gründlicher Prüfung aus freien Stücken entscheidet, die eigenen Pläne vorläufig zurückzustellen, kann sich ganz auf die neue Aufgabe der Pflege konzentrieren in der Gewissheit, dass die Verwirklichung Ihrer Pläne aufgeschoben, aber nicht aufgehoben ist.

Erhalten Sie genug Unterstützung?

Pflegen ist anstrengend. Besprechen Sie deshalb mit Ihrer Familie, wer was im Haushalt erledigen soll, wenn Sie mit dieser Aufgabe beschäftigt sind. Wer besorgt das Einkaufen, die Wäsche, die Wohnungsreinigung, den Garten? Und: Werden Sie noch genug Zeit haben, sich der restlichen Familie zu widmen? Wenn nicht, sind die Schwierigkeiten programmiert.

«NACH EINER SCHWEREN GRIPPE hat sich meine Mutter nur schlecht erholt», erzählt Anna D. «Sie ist schwach geblieben, ist vergesslich und manchmal etwas verwirrt. Natürlich habe ich sie jeden Tag versorgt, als sie die Grippe hatte. Aber auch jetzt noch hetze ich jeweils vor und nach der Arbeit zu ihr. Koche ich nicht, isst sie gar nichts. Mein Mann ist nicht zufrieden. Nicht nur, weil er selbst zu kurz kommt, sondern auch, weil er sich um mich sorgt. Als ich gar die Sonntage bei meiner Mutter zu verbringen begann, wurde er zornig und verlangte, dass ich mich entscheide: für ihn oder für die Mutter.»

Bevor Sie eine Betreuungsaufgabe übernehmen, die über ein kurzfristiges Engagement hinausgeht, sollten Sie eine Familienkonferenz einberufen – eine Gesprächsrunde, in der alle Familienmitglieder ihre Anliegen und Fragen zur Sprache bringen können und in der Sie gemeinsam herausfinden, welches das beste Vorgehen ist. Sich gegenseitig zuzuhören und alle Sorgen und Unsicherheiten zu besprechen, ist der beste Weg, zu einer Lösung zu kommen, die alle Betroffenen bejahen. Zudem können Sie so auch herausfinden, ob sich die grosse Belastung eines Pflegefalls in der Familie auf alle Schultern verteilen liesse.

Je grösser das soziale Netz, desto besser. Scheuen Sie sich nicht, auch weiter entferntere Verwandte wie die Geschwister oder Nichten und Neffen der Pflegebedürftigen anzufragen. Wenn jemand nur alle zwei Wochen einen Nachmittag übernimmt, ist das bereits hilfreich. Aber auch kurze Besuche, das Erledigen der Einkäufe oder der Abrechnungen mit der Krankenkasse bringen Entlastung.

Haben Sie genug Zeit?

Die meisten pflegenden Angehörigen berichten von positiven und von negativen Erfahrungen. Der Pflegealltag kann durchaus bereichernd sein, aber er ist fast immer belastender, als man es sich zu Beginn vorgestellt hat, körperlich wie seelisch. Gehen Sie bei Ihren Überlegungen deshalb von einem Dreifachen des Zeitaufwands aus, den sie ursprünglich angenommen haben. Bedenken Sie, dass Sie diesen zeitlichen Aufwand täglich, auch samstags und sonntags, benötigen und dass er mit steigendem Pflegebedarf zunehmen wird.

Ausserdem braucht das kranke Familienmitglied ja nicht nur Pflege, sondern auch Zuwendung: Haben Sie genügend Zeit, um auch seinen weiteren Bedürfnissen gerecht zu werden – dem Wunsch nach Gesprächen beispielsweise. Rechnen Sie, wenn Sie den Zeitaufwand abschätzen, auch genügend Freizeit und Erholungsmöglichkeiten für sich selbst ein, sonst droht ganz schnell eine Überlastung. Seien Sie sich bewusst, dass die vom Pflegebedürftigen beanspruchte Zeit von Ihrer Freizeit abgeht.

Nein sagen

Es ist absolut legitim und bei gewissen Familienkonstellationen sogar zwingend, dass Sie es ablehnen, die Betreuung Ihres Angehörigen zu übernehmen. Halten Sie sich dabei vor Augen: Es steht keinem Dritten zu, Ihre Entscheidung zu kritisieren, denn nur die direkt Betroffenen wissen wirklich Bescheid. Erklären Sie wenn nötig Ihren Entscheid, damit man Sie nicht weiter bedrängt.

- «Unsere Beziehung war schon früher äusserst angespannt», könnten Sie etwa dem Hausarzt gegenüber anführen, wenn Sie auf Ihren Entscheid angesprochen werden.
- Oder schildern Sie den Geschwistern Ihre Körperempfindung: «Es schnürt mir die Brust zu, wenn ich daran denke, dass ich die Pflege unseres Vaters übernehmen soll.»
- Auch gegenüber dem Kranken sollten Sie sich erklären: «Seien wir doch mal ehrlich: Unsere Beziehung war nie wirklich entspannt, und ich

glaube, es wäre auch für dich nicht gut, wenn ich dich pflegen würde. Aber ich helfe gerne mit, eine wirklich gute Lösung zu suchen.»

Klare Vereinbarungen treffen

Laien vermögen kaum einzuschätzen, was es bedeutet, die Pflege eines Kranken zu übernehmen. Es ist deshalb hilfreich, wenn Sie von einer Fachperson eine sogenannte Pflegebedarfsabklärung vornehmen lassen. Am Ende eines Krankenhausaufenthalts kümmert sich oft das Spital darum und erstellt zusammen mit dem Patienten und seinen Angehörigen einen Pflegeplan. Wer die Dienste der Spitex in Anspruch nehmen möchte, er-hält ebenfalls eine professionelle Einschätzung; das Krankenversicherungsgesetz verlangt, dass vor der Finanzierungszusage für Spitex-Leistungen eine solche Abklärung vorgenommen wird.

 MARTHA W. PFLEGT SEIT KURZEM IHREN VATER. Sein Verhalten macht ihr zu schaffen. Mitunter ist er richtig böse. Auch würde Martha W. gerne wissen, was noch alles auf sie zukommt. Deshalb bittet sie die lokale Spitex, eine Pflegeplanung zu machen. Die Fachperson berücksichtigt dabei, dass Frau W. höchstens eine Stunde täglich für die Pflege ihres Vaters aufwenden kann, da sie berufstätig ist und daneben den eigenen Haushalt besorgen muss. Martha W. muss sich dazu überwinden, ihre Grenzen klar zu äussern. Aber entgegen ihren Befürchtungen ist ihr Vater sehr dankbar.

Die Pflegeplanung

Bei der Pflegebedarfsabklärung erfasst eine Pflegefachperson des Spitals oder der Spitex, wo das kranke Familienmitglied wie viel Unterstützung benötigt. Sie klärt auch ab, welche Personen im sozialen Netz des Pflegebedürftigen sich die Aufgaben teilen können. Gemeinsam erstellt man dann eine Pflegeplanung: Die Beteiligten vereinbaren, wer was wann übernehmen soll. Das ist der richtige Augenblick für Sie, um klar mitzuteilen, wo Ihre Grenzen liegen, wie viel Zeit Sie für die Betreuung aufwenden können – also zum Beispiel zu sagen: «Ich kann mich am Montag, Mittwoch und Samstag um die Mutter kümmern.» Dann kann abgeklärt werden, wer von den anderen Anwesenden die restlichen Tage abdeckt. Möglicherweise setzt auch die Mitarbeiterin der Spitex an und sagt etwa: «Gut, Ihre Mutter muss zweimal wöchentlich geduscht werden, das machen wir am Dienstag und am Freitag.»

Wenn Sie deutlich sagen, was Ihnen möglich ist und was nicht, gehen Sie nicht mit einer Opferhaltung an die Pflege heran, sondern mit dem Gefühl, dass Sie selbst bestimmen, was und wie viel Sie übernehmen. Das setzt grosse Kräfte in Ihnen frei, und Sie können Ihre neue Aufgabe mit Kreativität und Fantasie angehen.

Wenn Sie Grenzen setzen, kommt das auch dem pflegebedürftigen Familienmitglied zugute. Klare Abmachungen bringen die asymmetrische Pflegebeziehung etwas mehr ins Gleichgewicht.

Eine Probezeit vereinbaren

Natürlich spielen die Gefühle, die Sie dem kranken Angehörigen gegenüber empfinden, eine grosse Rolle bei der Vorbereitung der Pflegesituation. Dennoch ist es zu Beginn einer Pflegebeziehung hilfreich, geschäftsmässig vorzugehen. Dazu gehört, dass man die Aufgaben, Kompetenzen und Arbeitsbedingungen genau festlegt; das macht allen übrigen Familienmitgliedern deutlich, was Sie als Hauptbetreuende tun werden. Dann wird keiner sagen können: «Ach, das bisschen Pflege ...» Am besten kommen alle Beteiligten dafür zu einer Familienkonferenz zusammen.

Dabei sollte auch eine Probezeit bestimmt werden, zum Beispiel von der Dauer eines Monats. Für das Ende dieser Probezeit wird eine Sitzung mit festem Termin und Ort vereinbart, um dann eine Standortbestimmung vorzunehmen – wie beim Mitarbeitergespräch am Ende der Probezeit in einem neuen Job. Nach Ablauf dieser ersten Probezeit können Sie weitere Fristen festlegen und zum Beispiel vereinbaren: «Ich pflege ein weiteres halbes Jahr, wenn es im bisherigen Rahmen weitergeht. Sollte sich Mutters Gesundheitszustand aber verschlechtern, müssen wir wieder zusammenkommen und nach einer neuen Lösung suchen.»

Vereinbarungen dieser Art erlauben Ihnen, immer wieder neu zu entscheiden, ob Sie mit der Betreuung fortfahren wollen. Das wirkt sich positiv auf Ihr seelisches Befinden aus, weil Sie sich so nicht als Opfer fühlen. Die Abmachungen haben zudem eine klärende Wirkung für den Patienten: Er weiss, dass es nicht selbstverständlich ist, dass Sie seine Pflege übernehmen, und wird sich bemühen, es Ihnen so leicht wie möglich zu machen.

Pflege im eigenen Haushalt

Den kranken Vater, die gelähmte Mutter zu sich in die eigene Wohnung zu nehmen, ist ein Schritt, der gut überlegt sein will: Wünscht der Kranke dies auch selbst? Haben Sie die Konsequenzen mit jedem Mitglied Ihrer Familie offen und ehrlich besprochen? Das Unternehmen lässt sich realistischer planen, wenn Sie alle Bedenken sorgfältig aufschreiben, notieren, was jedes Familienmitglied beizutragen bereit ist und was nicht geht, und wenn auch Ängste, Scham und Ekel offen thematisiert werden. Und dann gibt es noch die praktischen Fragen: Ist ein eigenes Zimmer für den Pflegebedürftigen vorhanden, möglichst ebenerdig und in der Nähe des Badezimmers? Sollen bestimmte Bereiche in der Wohnung für Ihre eigene Familie reserviert bleiben? Sind die ärztliche Versorgung und die Begleitung durch die Spitex auch an Ihrem Wohnort gewährleistet?

Einen Pflegevertrag abschliessen

Die meisten pflegenden Angehörigen rutschen in diese Rolle, ohne irgendwelche Abmachungen zu treffen. Die anderen Familienmitglieder halten natürlich still, denn das ist für sie die bequemste Lösung.

MARGRIT E. HAT, OHNE LANGE ZU ZÖGERN, die Pflege ihres Vaters übernommen, als dieser nach einer Operation nach Hause kam. Es sollte ja nur vorübergehend sein. Aber es kommt ganz anders: Der Vater erholt sich nicht wie erwartet, sondern erleidet zusätzlich noch eine Lungenentzündung. Und ehe Margrit E. es sich versieht, ist sie für seine Pflege verantwortlich. Das bedeutet anstrengende Arbeit, lange Tage und unruhige Nächte – alle Pflichten, aber keinerlei Rechte.

Die Organisation Pro Senectute hat diese Problematik erkannt und mit ihrer Rechtsberatung ein Muster für einen Betreuungs- und Pflegevertrag mit konkreten Preisansätzen erarbeitet. Dieser Vertrag ist vor allem auf Betreuungspersonen zugeschnitten, die kranke Angehörige bei sich in der eigenen Wohnung aufnehmen. Aber er gibt auch denen eine Handhabe, die ihre kranken Familienmitglieder in deren Zuhause betreuen (siehe auch Seite 66).

INFO *Das Muster und die Empfehlungen für einen Betreuungs-
und Pflegevertrag sind erhältlich bei der Pro-Senectute-Nieder-
lassung in Ihrer Region und im Internet unter www.pro-senectute.ch
(→ Shop → Downloads → Weitere). Eine Kurzversion finden Sie auch
im Anhang.*

Die Betreuungsgutschrift der AHV

Wenn Sie Eltern, Grosseltern, Geschwister, die Schwiegereltern oder Ihren Ehemann beziehungsweise Ihre eingetragene Partnerin im gemeinsamen Haushalt betreuen und pflegen, haben Sie Anspruch auf eine Betreuungsgutschrift auf Ihrem AHV-Konto. Voraussetzung dafür ist, dass
die betreute Person Anspruch auf Hilflosenentschädigung mittleren oder
schweren Grades hat und dass Sie selbst das AHV-Alter noch nicht er-
reicht haben.

Damit Sie diese Gutschriften erhalten, müssen Sie ein Anmeldeformular
bei der kantonalen Ausgleichskasse am Wohnsitz der betreuten Person
einreichen (die Adressen finden sich im hinteren Teil des Telefonbuchs
oder unter www.ahv-iv.info). Wird Ihr Gesuch bewilligt, erhalten Sie
pro Pflegejahr das Dreifache der minimalen Altersrente auf Ihrem AHV-
Konto gutgeschrieben (2014: 42 120 Franken).

Das Gesuch um eine Betreuungsgutschrift müssen Sie jedes Jahr neu
einreichen, weil die Ausgleichskassen nicht wissen können, ob sich die
Situation verändert hat – ob der kranke Angehörige inzwischen ins Heim
gezogen oder verstorben ist. Ein hilfreiches Merkblatt können Sie bei den
AHV-Zweigstellen oder im Internet bestellen: www.ahv-iv.info (→ Merkblätter → Allgemeines).

GUT ZU WISSEN *Wenn Familienangehörige ihr Arbeits-
pensum kürzen oder die Pflegetätigkeit sogar ganz aufgeben,
lässt sich der Lohnausfall je nach Kanton über die Ergänzungsleistungen der betreuten Person ausgleichen. Die Dauer und die
Art der Pflege müssen in einem Arztzeugnis belegt sein. Wenden
Sie sich an die Ausgleichskasse des betreuten Familienangehörigen,
um einen allfälligen Anspruch geltend zu machen.*

Der Umgang mit Belastungen

Wenn sich die persönliche Aufmerksamkeit ständig auf das hilfsbedürftige Gegenüber richtet, kann die eigene Gesundheit schon mal auf der Strecke bleiben. Umso wichtiger, dass man rechtzeitig für Entlastung und Ausgleich sorgt.

«Wie lange noch schenkst du allen anderen deine Aufmerksamkeit, nur nicht dir selber? Ja, wer mit sich selbst schlecht umgeht, wem kann der gut sein? Denk also daran: Gönne dich dir selbst.» Diese Empfehlung des Mystikers Bernhard von Clairvaux (1090–1153) hat an Aktualität nichts eingebüsst. Sie ist ganz besonders für pflegende Angehörige eine Lebens-, ja Überlebensregel.

Die eigenen Bedürfnisse ernst nehmen

Um die Pflege über längere Zeit durchstehen zu können, müssen Sie ein Gefühl für Ihre eigenen Bedürfnisse und Wünsche entwickeln. Ihr Kräftehaushalt kann nur dann ausgewogen sein, wenn Sie Ihre Bedürfnisse nach Ruhe und Geborgenheit, nach Ausgleich und Erholungszeiten stillen und die Balance zwischen Nähe und Distanz zum pflegebedürftigen Menschen bewusst bestimmen. Beobachten Sie Ihren Kräftehaushalt. Setzen Sie sich offen mit zwei grossen Fragen auseinander:

- Was kostet Kraft? Was raubt Energie? Welche Personen, Umstände, Situationen, Tätigkeiten belasten, ärgern, deprimieren mich, fressen mich auf?
- Welche Menschen, Begegnungen, Umstände, Tätigkeiten führen dazu, dass ich mich innerlich freier und offener fühle, dass ich lebendiger, aufmerksamer und wacher werde, dass ich ruhiger und konzentrierter sein kann?

Daran anschliessen muss die Frage: Was kann ich in meinem Leben verändern, und wer könnte mich dabei unterstützen? Denn nur Freiräume für eigene Interessen, das Wahrnehmen der eigenen Gefühle und der

Respekt gegenüber den eigenen Bedürfnissen erlauben Ihnen, Aufmerksamkeit und Achtsamkeit für den Ihnen anvertrauten Menschen aufzubringen und aufrechtzuerhalten.

Gesundheitliche Risiken früh erkennen

Die Pflege und Betreuung wird in der Regel mit der Zeit immer strenger und anspruchsvoller. Irgendwann sind Ihre Kräfte der anhaltenden Belastung nicht mehr gewachsen; das zeigt sich in körperlichen Symptomen. Nehmen Sie diese ernst, sorgen Sie für angemessene Entlastung. Sprechen Sie unbedingt mit Ihrer Ärztin oder der Fachperson der Spitex, wenn Sie folgende Alarmzeichen bemerken:

- Sie sind übermüdet und fühlen sich auch am Morgen nicht ausgeruht.
- Sie leiden unter Einschlaf- oder Durchschlafstörungen.
- Beschwerden, mit denen Sie bisher gut leben konnten, intensivieren sich.
- Sie fühlen sich oft mutlos, deprimiert und nervös.
- Sie mögen sich nichts mehr kochen und essen kaum mehr.
- Ihr Rücken scheint zu brechen.
- Sie haben häufig Kopfschmerzen.

Berichten Sie Ihrer Ärztin nicht nur von den akuten Beschwerden, sondern schildern Sie ihr auch Ihre Situation und das Ausmass Ihrer Belastung. Wenn Sie das unterlassen, kann niemand erkennen, wie es wirklich um Sie steht.

Erschöpfung und Burn-out vermeiden

Burn-out (Ausgebranntsein) ist das Resultat andauernder oder wiederholter emotionaler Belastung im Zusammenhang mit anhaltendem, intensivem Einsatz für andere Menschen. Es ist ein Prozess, der in körperlicher, geistiger und emotionaler Erschöpfung endet. Das Ausbrennen tritt meist nicht als Folge vereinzelter Erlebnisse auf, sondern als schleichende seelische Auszehrung. Tragischerweise trifft es vor allem Menschen, die einmal besonders begeisterungsfähig und idealistisch waren.

Es kann bis zu drei Jahre dauern, bis man sich von einem Burn-out ganz erholt hat.

Wer ein krankes Familienmitglied über längere Zeit pflegt, läuft Gefahr, ein Burn-out zu erleiden. Lassen Sie es nicht so weit kommen: Nehmen

MITEINANDER REDEN

Wie lässt sich über Gefühle reden? Hier helfen einige Grundregeln der Kommunikation:

- Reden Sie in der Ichform darüber, wie es Ihnen geht: «Ich bin so geladen, weil die Krankenkasse immer noch nicht gezahlt hat. Ich ertrage heute also nicht viel.»
- Sprechen Sie aus, was Sie beobachten und interpretieren – wieder in der Ichform und mit einem Angebot, das der Kranke bestätigen oder ablehnen kann: «Ich sehe, dass du deine Medikamente noch nicht genommen hast – ist das so, weil du meinst, dass sie ja doch nicht helfen?»
- Hören Sie sich die Antwort genau an, so als ob Sie sie anschliessend wortwörtlich wiedergeben müssten. Lassen Sie die Patientin ausreden, beenden Sie nicht die Sätze für sie.
- Vergewissern Sie sich, dass Sie richtig verstanden haben, indem Sie das Verstandene in Ihren eigenen Worten wiedergeben. Lassen Sie sich das vom Gegenüber bestätigen.
- Suchen Sie gemeinsam nach Lösungen. Die Gefahr besteht, dass man einer pflegebedürftigen Person nicht zutraut, dass auch sie etwas beitragen kann. Damit kränkt man sie sehr. Findet man aber gemeinsam einen Weg, sind beide Parteien interessiert, ihren Teil zum Gelingen beizutragen.
- Wenn das allein nicht klappt, ziehen Sie eine Drittperson bei, zu der beide Vertrauen haben. Das Wichtigste ist: Halten Sie das Gespräch aufrecht.

Sie die Anzeichen drohender Erschöpfung rechtzeitig wahr. Erkennen Sie Ihre Grenzen. Fragen Sie sich rechtzeitig: Sind meine Ansprüche an mich und die anderen zu hoch? Muss ich in allem immer perfekt sein? Muss der Haushalt wirklich makellos, die Unterwäsche gebügelt sein? Lasse ich mich vom Kranken ganz vereinnahmen? Ist das, was ich anstrebe, überhaupt notwendig und erwünscht? Öffnen Sie Ihr Herz ganz weit, wenn Sie diese Frage für sich beantworten.

Es gehört bereits zu den ersten Anzeichen eines Burn-outs, wenn man meint, ganz allein zu sein, und helfend ausgestreckte Hände gar nicht sehen kann. Schauen Sie sich mit offenen Augen um und erkennen Sie Entlastungsangebote:

- Spitex – auch die Haushilfe!
- Verwandte – für regelmässige Ablösung
- Nachbarn – für Handreichungen und Botengänge
- Freunde und Kollegen des Kranken – zur Unterhaltung und für Spaziergänge

■ Tages- und Nachtkliniken – für regelmässige Entlastung
■ Ferienbetten in Pflegeinstitutionen – für erholsame Urlaubstage
■ Putzfrau – damit Sie mehr Zeit für die Pflege haben

Was zusätzlich belastet

Die Pflege von kranken oder gebrechlichen Familienangehörigen ist nicht nur in körperlicher Hinsicht anstrengend. Es kann auch schwierig sein, einander wirklich zu verstehen und zusammen den richtigen Weg zu finden. Die Erfahrung zeigt, dass folgende Faktoren die Pflegebeziehung zusätzlich belasten:

■ zu wenig Platz und Zeit für sich selbst
■ ungelöste Beziehungsprobleme von früher
■ der Druck, immer für jemanden da sein zu müssen
■ niemals völlige Unbeschwertheit

Das kann heftige Gefühle von Trauer, Zorn, Verzweiflung, ja sogar Aggression und Neid auslösen. Dass es dem kranken Familienmitglied trotz Ihrer sorgfältigen, aufwendigen Pflege schlechter statt besser geht, kann frustrierend sein und Gefühle von Niederlage und Verzweiflung auslösen. Gleichzeitig wird Ihre Zuwendung und Unterstützung immer mehr gebraucht.

Vielleicht ist es für Sie eine Erleichterung, zu wissen, dass alle pflegenden Angehörigen solche Gefühlen kennen. Wichtig ist, dass Sie nicht einfach leiden, zuwarten oder andere beschuldigen. Stehen Sie zu Ihrem Ärger, Ihrer Hilflosigkeit, Unsicherheit, Angst und Wut. Es ist gut, offen darüber zu sprechen.

Unterstützung und Entlastung

Es ist wichtig, dass Sie schon zu Beginn der Pflege darauf pochen, alle fachlichen Dienste und Hilfsmittel in Anspruch nehmen zu können. Wenn Sie das von Anfang an als Vorbedingung kommunizieren, werden Sie weniger mit Widerständen konfrontiert werden, etwa: «Wir wollen keine Fremden im Haus.» Allen Beteiligten muss klar sein: Ohne Unterstützung und Entlastung lässt sich die Pflege eines kranken Familienmitglieds auf Dauer nicht meistern.

Die Spitex und freiberufliche Pflegefachleute

Eine wichtige Stütze ist die Spitex (was sie leistet, lesen Sie auf Seite 52 und 114). Und neben den Fachleuten der Spitex bieten in der Schweiz mittlerweile auch rund 700 freiberufliche Pflegefachpersonen ambulante Dienste an, die ihre Pflegeleistungen ebenfalls direkt mit den Krankenkassen abrechnen können; in diesem Bereich entstehen für Sie nur ganz geringe Mehrkosten (siehe auch Seite 54).

Eine private Lösung hat den Vorteil, dass immer die gleiche Person sich um die Betreuung kümmert. Und wenn die Chemie zwischen der Kranken und der Pflegeperson stimmt, können sich wunderbare Beziehungen entwickeln. Zudem können Sie mit der Privatpflegerin Vereinbarungen treffen, die in einem durchstrukturierten Spitex-Betrieb nicht möglich sind. So können Sie beispielsweise abmachen, dass die Patientin erst um 21 Uhr ins Bett gebracht wird und nicht schon um 17.30 Uhr (weil die Spitex um 18 Uhr schliesst).

 TIPP *Adressen von freiberuflichen Pflegefachleuten in Ihrer Nähe vermittelt der Berufsverband der Pflegefachfrauen und Pflegefachmänner SBK: www.sbk-asi.ch.*

Willkommene Abwechslung: Tageskliniken

Als Entlastung für die Angehörigen haben sich Tageskliniken besonders bewährt: In solchen Einrichtungen findet der Kranke eine heimelige Atmosphäre und kann – je nach Kommunikationsfähigkeit – auch Kontakte mit anderen pflegen. Man singt Lieder, feiert kleine Feste und unternimmt vieles mehr. Den unterschiedlichen Interessen und Fähigkeiten wird so weit wie möglich Rechnung getragen. Die Tagespflegeheime übernehmen im Rahmen ihrer Möglichkeiten Grundpflege, psychiatrische Grundpflege und Behandlungspflege (wird von den Krankenkassen bezahlt).

ALICE M. GEHT NACH IHREM SCHLAGANFALL mit anschliessender Rehabilitation sehr gerne zweimal pro Woche in die Tagesklinik. Sie wird um 8.30 Uhr abgeholt und um 16.30 Uhr wieder nach Hause gefahren. Sie geniesst die Begegnung mit anderen Menschen und die Aktivitäten. Auch das Mittagessen im Kreise der Bekannten schätzt sie sehr. Wenn sie am Abend heimkommt, hat sie der Tochter wieder Neues zu erzählen.

Die Tagesklinik bietet den pflegenden Angehörigen regelmässig wenigstens einen Tag lang Entlastung. Auch dienen diese Besuche oft als sanfter Übergang zu einem Leben im Pflegeheim, denn die Tageskliniken sind nicht selten in einem solchen untergebracht. Fragen Sie die Spitex nach Angeboten in Ihrer Nähe.

Ungestört schlafen: Pflege in der Nacht

Es ist noch viel zu wenig bekannt, dass viele Spitäler Nachtbetten zur Verfügung stellen und Kranke über Nacht pflegen. Natürlich ist das nicht in allen Situationen die geeignete Lösung. Aber wenn Sie von der nächtlichen Pflege erschöpft sind, bietet Ihnen dieses Angebot eine Möglichkeit, ein paarmal pro Woche durchzuschlafen.

Die Krankenkasse übernimmt die Kosten für eine ambulante Nachtschwester leider nicht. Trotzdem gibt es günstige Angebote für die nächtliche Betreuung daheim, zum Beispiel die Betreuungsdienste des Schweizerischen Roten Kreuzes (SRK) oder die Stiftung für Krankenpflege zu Hause, Schweizerischer Berufsverband der Pflegefachfrauen und Pflegefachmänner (SBK; Adressen im Anhang).

Freizeit für Angehörige: Entlastungsdienste

Die Dienstleistung des SRK bietet überlasteten pflegenden Angehörigen genau das, was sie am dringendsten benötigen: wöchentlich einen halben oder ganzen freien Tag gegen ein moderates Entgelt. In dieser Zeit kommt eine vom SRK geschulte Betreuungsperson, in der Regel jeweils dieselbe, und löst Sie ab. Nutzen Sie die freie Zeit für sich, gehen Sie aus dem Haus, unternehmen Sie etwas, was Ihnen Freude und Entspannung bringt.

Auch die Pro-Senectute-Zweigstelle in Ihrer Nähe verfügt vielfach über erfahrene Frauen, die den Kranken regelmässig «hüten», sodass Sie einige Stunden entlastet sind.

Brauchen pflegende Angehörige eine längere Auszeit oder wollen sie wieder einmal in die Ferien fahren, können zum Beispiel private Fachkräfte einspringen: Eine solche Entlastungsassistenz kümmert sich rund um die Uhr um die Pflegebedürftigen und wohnt in dieser Zeit auch bei ihnen.

Einige Alters- und Pflegeheime bieten zur Entlastung betreuender Angehöriger Ferienbetten an. Neben der Entlastung bietet ein solcher Aufenthalt auch die Möglichkeit, ein Heim im Hinblick auf einen späteren Übertritt kennenzulernen.

Der Umgang mit dem kranken Menschen

Ein Familienmitglied zu betreuen, das von einer schweren chronischen Krankheit betroffen ist, stellt eine grosse seelische Belastung dar. Kommen grosse Schmerzen oder Depressionen dazu, wird es noch schwieriger.

Besonders wichtig für das Bewältigen der Situation ist eine offene Kommunikation zwischen dem Patienten, der Pflegeperson und der behandelnden Ärztin. Unabdingbar ist es auch, dass Sie als Pflegende sich bei der Ärztin genau über das Krankheitsbild und die daraus entstehenden Beschwerden informieren. Nur so können Sie als «Anwältin» des Patienten richtig reagieren, zum Beispiel im richtigen Moment eine Erhöhung der Schmerzmedikation einfordern.

Miteinander durch das Tal der Tränen gehen

Die Diagnose «lebensbedrohliche Krankheit» ist für Betroffene ein Schock, ein Bruch in ihrem Leben: Schlagartig befinden sie sich in einer Extremsituation wie vielleicht noch nie zuvor. Das löst einen Tumult von Gefühlen und Gemütszuständen aus. Diese reichen von Ignorieren über Verzweiflung, Groll und Abwehr bis zu Aggression und Trauer – hin und zurück und wild durcheinander.

LINDA P. BERICHTET: «Gestern war mein Mann unendlich verzweifelt, und es gab einfach nichts, was ich für ihn hätte tun können. Heute ist er innerlich sehr angespannt und reagiert gereizt auf jedes meiner Worte. Ich weiss nicht mehr, was ich tun soll. Manchmal muss ich schnell ins Bad, um mich auszuweinen.»

Aber natürlich sind von einer solchen Krankheit auch die anderen Mitglieder der Familie betroffen, besonders der Partner, die Partnerin. Sie erleiden ebenfalls einen Schock und erleben ein Wechselbad der Gefühle – Verzweiflung, Angst und Hoffnung. Das unbeschwerte Leben ist auch für sie abrupt zu Ende. Gleichzeitig fühlen sie sich verpflichtet, den kranken Menschen emotional aufzufangen.

Es ist hilfreich, sich in einem ersten Schritt auf den Augenblick zu beschränken, herauszufinden, was die kranke Person gerade jetzt quält, und das Problem so einzugrenzen. Denn diese grosse Krise kann man nur von Moment zu Moment bewältigen. Dabei hilft es, den Kranken immer wieder mit neuen Augen anzusehen.

Auch Ihre Gefühle sind wichtig!

Bei all den Belastungen ist es wichtig, dass Sie Ihren eigenen Gemütszustand nicht vernachlässigen. Von welchen Gefühlen werden Sie gerade beherrscht? Ist es Ohnmacht, Trauer? Ist es Angst? Und wenn ja: Wovor genau haben Sie Angst? Fürchten Sie, den Partner, die Lebensgefährtin zu verlieren? Ist auch eine Spur Selbstmitleid dabei – weil nun alles auf Ihnen lastet, Familie und Freunde aber immer nur die kranke Person nach ihrem Befinden fragen?

In einem zweiten Schritt folgt die Besinnung auf die eigenen Möglichkeiten: Wie sind Sie bisher mit solchen Gefühlen umgegangen? Was hat geholfen? Vielleicht ein langer Spaziergang oder das Gespräch mit der Freundin? Ein Saunabesuch, ein Jassabend? Gönnen Sie sich Situationen, die Ihnen guttun, bewusst und immer wieder.

Hand für ein Gespräch bieten

Wenn Schwerkranke sich von ihren Angehörigen zurückziehen, wenn sie in Schweigen versinken, kann das ein Versuch sein, sich vor der Wucht der Emotionen zu schützen. Wer eine Wand zwischen sich und seinen Lieben aufbaut, hat oft Angst, von den aufgewühlten Gefühlen überschwemmt zu werden und den Boden unter den Füssen ganz zu verlieren. Deshalb darf man diese Wand nicht niederreissen.

ROSMARIE M. PLATZT FAST: Seit ihr Mann die Diagnose Krebs erhalten hat, spricht er nur noch das Allernötigste. In ihm scheint es zu brodeln, aber er redet einfach nicht darüber – nicht mit ihr und auch nicht mit der erwachsenen Tochter, zu der er früher ein enges, vertrauensvolles Verhältnis hatte.

Sie können dem Patienten anbieten, ihm zuzuhören, wenn er über seine Gefühle sprechen möchte, und die Krise gemeinsam durchzustehen – immer vorausgesetzt, dass Sie sofort ablassen, wenn Sie merken, dass das Angebot gerade keinen Anklang findet.

Schön, wenn man immer wieder vermitteln kann, dass man das grosse Problem und auch die Ohnmacht teilen möchte. Doch wenn Sie selber das Bedürfnis haben, über die Situation zu reden, der Kranke aber im Augenblick dazu nicht imstande ist, dann müssen Sie sich für ein Gespräch an jemand anderes wenden.

Schmerzen und Depressionen

Gegen Ende ihres Lebens ziehen Menschen Bilanz. Besonders bei Betagten fällt diese Bilanz oft ungünstig aus, weil sie sie in einer Phase ziehen, in der sie körperlich schon eingeschränkt und zudem emotional vereinsamt sind. Ans Haus oder gar ans Bett gefesselt, haben Betagte wenig Möglichkeiten, ihr Beziehungsnetz aktiv zu pflegen. Alte Freundinnen, Gefährten und Kameraden sterben weg. Neue Beziehungen aufzubauen, wird fast unmöglich. Wen wundert es, wenn ein Mensch in dieser Situation in eine Depression gerät? Betroffen von dieser lähmenden Niedergeschlagenheit sind immer auch die Angehörigen.

NADINE G. ERZÄHLT: «Ich habe mich inzwischen an alles gewöhnt: meinem Vater das Essen eingeben, sein Gebiss reinigen, sogar Intimpflege. Aber was mich wirklich fertigmacht, ist die Tatsache, dass er immer wieder einfach vor sich hin weint und ich gar nichts tun kann, um ihn aus seiner Depression zu holen.»

Verschiedene Studien belegen, dass den pflegenden Angehörigen die emotionalen Aspekte der Krankheit oder des Alters am meisten zu schaffen machen: Depression, Apathie und die andere Seite der Gefühlsmedaille, die Aggression. Suchen Sie unbedingt Hilfe beim behandelnden Arzt. Bei alten, dementen Personen ist eine individuell abgestimmte Therapie mit Antidepressiva oft sehr erfolgreich. Auch eine Gesprächstherapie kann wirksam Abhilfe schaffen, die Beziehungen in der Familie verbessern und zu mehr gegenseitigem Verständnis und zu Nachsicht führen.

Glücksmomente bewusst wahrnehmen

Wer sich mit Krankheit und Tod auseinandersetzen muss, läuft manchmal Gefahr, den Blick für all die Schönheiten zu verlieren, die es trotz allem nach wie vor zu entdecken gibt. Deshalb: Erlauben Sie sich, Schönes bewusst zu geniessen. Drücken Sie in Worten aus, was Sie erleben. Zum Beispiel: «Was für ein wunderbarer Himmel, dieses zarte Blauviolett, und die frische Luft!» Wenn Sie eine Empfindung formulieren, laut oder leise, können Sie diese in Ihrer Erinnerung aufbewahren. Glücksgefühle kann man so «lagern» und bei Bedarf hervorholen. Es sind die tausend kleinen Glücksmomente des Alltags, die den Glückspegel konstant halten, für gute Laune sorgen und einen den Kummer vergessen lassen.

Schmerzen gezielt behandeln

Niemand muss unerträgliche Schmerzen erdulden. Die meisten Patienten können schmerzfrei bleiben, wenn man sie richtig behandelt. Das geht aber nur, wenn der Patient zugibt, dass es wehtut. Fragen Sie deshalb immer wieder nach, ob er noch Schmerzen hat. Machen Sie Ihrem Patienten auch klar, dass er niemandem einen Gefallen tut, wenn er die Schmerzen «heldenhaft» erträgt.

Setzen Sie sich auch bei der behandelnden Ärztin für eine wirksame Schmerztherapie ein. Haben Sie den Eindruck, dass die Schmerzlinderung ungenügend ist, wenden Sie sich am besten an eine Schmerzklinik (Adressen im Anhang). Was die moderne Medizin in puncto Schmerztherapie zu leisten imstande ist, lesen Sie auf Seite 78.

Die Pflege dem Heim anvertrauen

Die Entscheidung, den Patienten schliesslich doch in ein Pflegeheim zu geben, fällt schwer. Der Eintritt der betagten Mutter oder des kranken Partners ins Heim ist meist ein leidvolles, schmerzliches Kapitel in der Familiengeschichte.

Viele Menschen geraten aus dem seelischen Gleichgewicht und in einen Zustand langandauernden Unbehagens, wenn sie einen kranken Familienangehörigen ins Heim «abschieben». Anderen gelingt es überhaupt nicht, selbst nach Jahren der aufopfernden Pflege eine Veränderung ins Auge zu fassen. Sie klammern sich an den einst gefassten Entschluss, die Mutter, den Partner nicht in einem Heim zu «versorgen», sondern selbst zu pflegen. Dabei nehmen sie keinerlei Rücksicht: weder auf sich selbst und die eigenen Bedürfnisse noch auf die Situation und Wünsche der kranken Person.

«WAS IST BLOSS MIT MEINER SCHWESTER LOS?», beklagt sich Martina R. «Sie will unsere Mutter einfach nicht ins Heim geben. Dabei ist diese schon 95 Jahre alt, leidet an Alzheimer und döst eigentlich nur noch vor sich hin. Auch ist meine Schwester selbst völlig am Ende. Seit fünf Jahren hat sie sich keinen einzigen Tag freigenommen.»

Ausharren und Festhalten gelten als wichtige Werte in unserer Gesellschaft. «Nicht nachlassen gewinnt» lautet das Losungswort. Allerdings trifft es nur bedingt zu, denn manchmal gibt es überhaupt nichts mehr zu gewinnen. Aber wir sind dazu erzogen worden, niemals aufzugeben, weil es einem Versagen gleichkäme, die Flinte ins Korn zu werfen. Wir wollen uns und unsere Mitmenschen nicht enttäuschen – ohne nachgefragt zu haben, ob die anderen denn tatsächlich wollen, dass wir ausharren und die Situation ertragen.

Die Pflegesituation neu begutachten

Wer seine einmal gesetzten Ziele nicht hie und da überprüft, bringt sich um die Chance, neue Möglichkeiten kennenzulernen, seinem Leben eine positivere, gesündere Wende zu geben und vielleicht sogar noch einmal einen Neuanfang zu wagen. Mutlos und verbissen den eingeschlagenen Weg weiterzugehen, obwohl Sie im Innersten wissen, dass er mittlerweile falsch ist, macht Ihr Leben beschwerlich, trist und farblos – und Sie selber werden hart und stur. Dann braucht es jemanden, der den längst fälligen Entscheid für Sie vollzieht, vielleicht die übrige Familie, der Arzt, die Spitex-Pflegerin oder der Patient selbst.

In gewissen Situationen ist der Übertritt ins Pflegeheim das einzig Richtige. Sie als pflegende Angehörige müssen loslassen lernen und sich vor Augen halten, dass der Eintritt in ein geeignetes Heim nicht nur Sie selber entlastet, sondern auch für den Patienten ein Gewinn sein kann.

Den richtigen Pflegeplatz finden

Welcher Platz für den alten Vater, die kranke Partnerin am besten ist, hängt von der individuellen Situation ab. Nach neusten Erkenntnissen ist es zum Beispiel besser, wenn an Alzheimer Erkrankte in eine Institution kommen, die speziell auf ihre Bedürfnisse zugeschnitten ist. Die Schweizerische Alzheimervereinigung empfiehlt unterschiedliche Modelle der Betreuung: Pflegefamilie, Alterswohnheim und psychogeriatrisches Pflegeheim (mehr zum Thema Heimplatzsuche auf Seite 47).

INFO *Auskünfte sowie Adressen von Betreuungsmöglichkeiten in Ihrer Region erhalten Sie bei der Schweizerischen Alzheimervereinigung (Adresse im Anhang). Eine übersichtliche Liste der Senioren- und Pflegeheime finden Sie im Internet unter www.heiminfo.ch.*

Viele suchen zuerst in der Nähe des Wohnorts des Kranken nach einem Pflegeplatz, weil ihm dort bei Spaziergängen wenigstens die Umgebung vertraut ist und Besuche von Nachbarinnen oder Bekannten weitaus wahrscheinlicher sind. In grösseren Städten richtet sich die Suche eher nach Mundpropaganda; man bevorzugt natürlich das Heim mit den kompetentesten Pflegepersonen und dem besten Angebot für die Bewohner. Beziehen Sie auch den Kranken in die Überlegungen mit ein, fragen Sie nach seinen Wünschen, aber versprechen Sie nichts.

Sie befürchten, dass Ihr Angehöriger gar nicht ins Heim will? Sie brauchen ihn nicht zu überzeugen: Das Ärzte- und Pflegeteam wird mit dem Patienten die reale Situation allein in der eigenen Wohnung nachspielen, sodass er einsieht, dass es keinen anderen Weg mehr gibt. Weigert sich jemand beharrlich, ist eine Zwangseinweisung nur über die Erwachsenenschutzbehörde (KESB) möglich.

> **TIPP** *Besuchen Sie Ihren Angehörigen in der ersten Zeit häufig, auch zu ungewohnten Zeiten, und nehmen Sie an seinem neuen Leben teil, indem Sie beispielsweise am Mittagstisch mitessen. Besuche geben ihm das Gefühl, nicht abgeschoben und immer noch wichtig genug zu sein. In manchen Heimen gibt es hie und da einen geheimen Wettbewerb, wer am meisten Besuch erhält …*

Wenn es rasch gehen muss

Nicht immer hat man Zeit, in aller Ruhe den richtigen Platz zu suchen. Verschlechtert sich der Zustand einer Patientin rapide, sodass eine Pflege zu Hause nicht mehr möglich ist, oder können Sie aus anderen Gründen die Pflege unerwartet nicht mehr gewährleisten, wenden Sie sich sofort an den Arzt. Er sorgt dann für eine Überweisung ins Spital. Die Patientin bleibt so lange auf der Akutabteilung oder auf einer speziellen Abteilung für Langzeitpatienten, bis ein Heimplatz gefunden ist. In der Regel ist das innert dreier Monate möglich.

Vielleicht ist das Heim nicht Ihre erste Wahl. In der Praxis kann man jeweils zwei Wunschheime angeben und muss dann den Platz nehmen, der zuerst frei wird. Das ist aber keine Verpflichtung für immer. Sie können durchaus weiterhin nach einem Platz im Wunschheim fragen und Ihre Angehörige dort auf die Warteliste setzen lassen.

Wenn der Tod naht

Wer den schwerkranken Vater, die Partnerin bis zuletzt begleitet, spürt genau, wenn das Leben zu Ende geht. Die letzten Tage sind für jeden Menschen einzigartig, sehr persönlich und privat. Gewisse Anzeichen können darauf hindeuten, dass der Tod nahe ist: Der kranke Mensch verbringt vielleicht mehr Zeit im Bett, driftet immer wieder in die Bewusstlosigkeit. Details wie die genaue Uhrzeit oder der Wochentag sind nicht mehr wichtig; er spricht vom Gehen, schildert entsprechende Träume, isst nicht, trinkt kaum mehr und wird zusehends zerbrechlicher und schwächer. Es kann auch sein, dass mit dem schwindenden Körpergefühl die Beschwerden abnehmen und eine plötzliche Besserung möglich scheint.

Behutsame Begleitung
In dieser Phase zeigen die meisten nur noch geringes Interesse an der Aussenwelt und möchten nicht mehr viele Menschen um sich haben. Dann stehen Sie dem kranken Angehörigen am besten ohne viele Worte und ohne Hektik bei. Sie können sich weiterhin liebevoll um ihn kümmern, seine Schmerzen lindern und dafür sorgen, dass er bequem liegt. Bereiten Sie ein Sorbet aus seinen Lieblingsfrüchten zu und geben Sie ihm hie und da ein Löffelchen zu lutschen, um den trockenen Mund zu befeuchten.

Wenn die sterbende Person es möchte, können Sie auch ganz sanft Rücken, Beine oder Hände mit Öl massieren (ohne starke Düfte). Wenn Sie das im Atemrhythmus der Patientin tun, gibt ihr das zusätzlich das Gefühl, umsorgt zu sein. Lassen Sie sie möglichst in Ruhe – aber nicht allein. Einfach da sein, die Hand halten, beten, wenn es Ihnen beiden hilft, inspirierende Texte vorlesen, leise Musik spielen, eine Kerze anzünden. Fassen Sie die Sterbende sehr, sehr zart an, denn in der letzten Phase sind Menschen äusserst empfindlich auf Berührungen und auch auf Geräusche.

Vielleicht sind Sie jetzt nach einem langen gemeinsamen Leidensweg am Ende angekommen. Sie stehen am Bett Ihres schwerkranken Angehörigen und fühlen sich hilflos, weil Sie denken, man könne ja doch nichts mehr tun. Aber gerade jetzt zeigt sich die wahre Kunst der Pflege: diejenige der Palliativpflege, einer Betreuungsform, die nur noch lindern will (mehr dazu auf Seite 78).

6

Todesfall: Das kommt auf Sie zu

Zuerst ist da der lähmende Schock über den Verlust des geliebten Menschen. Was bleibt, ist eine unendliche Traurigkeit. Inmitten dieser schweren Zeit haben Hinterbliebene aber viele Dinge zu erledigen: Sie müssen den Todesfall beim Amt melden, alle Angehörigen und Vertragspartner informieren und die Beerdigung vorbereiten.

Formalitäten rund um die Beerdigung

Nach dem Verlust eines geliebten Menschen steht einem der Kopf nicht nach Formalitäten. Trotzdem sollte man die ersten Schritte sehr bald in die Wege leiten. Zögern Sie nicht, Angehörige, Freunde oder die Pfarrerin um Hilfe zu bitten.

Was nach einem Todesfall alles zu erledigen ist, finden Sie hier Schritt für Schritt beschrieben. Sie können nach der Checkliste vorgehen, die im Anhang abgedruckt ist.

Sofort nach dem Tod die Dinge regeln

Nach einem Todesfall dauert es meist vier bis sieben Tage bis zur Beerdigung. In dieser kurzen Zeit gibt es einiges zu erledigen. Unmittelbar nach dem Ereignis gilt es erst einmal, die Nächsten und die zuständigen Amtsstellen zu benachrichtigen. Ausserdem muss man abklären, ob die verstorbene Person ihre Wünsche betreffend Aufbahrung, Bestattung und Trauerfeier geäussert hat; es kann entlastend sein, zu wissen, welche Vorstellungen der Verstorbene hatte.

Tod zu Hause

Stirbt ein Mensch infolge Krankheit zu Hause, müssen die Angehörigen den Arzt benachrichtigen. Ist die behandelnde Ärztin oder die Hausärztin nicht erreichbar, rufen Sie den Notarzt. Seine Nummer erfahren Sie über Telefon 1811 oder 112. Nachdem der Arzt den Tod festgestellt hat, stellt er den Todesschein aus. Diesen benötigen Sie für die spätere Meldung beim Bestattungsamt.

Benachrichtigen Sie auch unverzüglich die nächsten Angehörigen. Dazu gehören in erster Linie die Kinder, der Ehemann, die Lebenspartnerin und die Eltern. Vielen Menschen ist es wichtig, sich von der verstorbenen Person persönlich und im privaten Umfeld verabschieden zu können. Sie sind nicht verpflichtet, den Leichnam schnell ausser Haus zu bringen; sie dürfen ihn über Nacht zu Hause behalten oder sogar bis zur Bestattung zu Hause aufbahren.

Tod im Spital oder Heim

Stirbt ein Mensch im Spital oder Pflegeheim, weiss das Personal, was zu tun ist, und steht Ihnen zur Seite. Es vermittelt seelsorgerische Betreuung, organisiert die Überführung des Verstorbenen und kümmert sich um die Ausstellung des Todesscheins.

Je nach Station lässt es sich einrichten, dass der Verstorbene noch für einige Stunden oder gar für einen Tag lang auf seinem Zimmer liegen bleibt. So können sich die Angehörigen in Ruhe auf die neue Situation einstellen. Das Pflegepersonal wäscht den Verstorbenen und bekleidet ihn nach Wunsch mit einem Totenhemd oder mit Privatkleidern. Die Angehörigen können selber bestimmen, wohin der Verstorbene anschliessend zu überführen ist: in die Aufbahrungshalle des Spitals, der Gemeinde oder nach Hause.

Tod nach Unfall, Gewalttat oder Suizid

Nach einem Verkehrs-, Arbeits-, Haushalts- oder sonstigen Unfall, bei Verdacht auf ein Tötungsdelikt oder auf Selbsttötung müssen Sie sich sofort bei der Polizei melden. Die Polizei bestellt den Amtsarzt, der eine amtliche Leichenschau vornimmt. Dies geschieht in der Regel im nächstgelegenen Institut für Rechtsmedizin und dient der Feststellung von Todeszeit, Todesart und Todesursache. Leichenschau heisst Untersuchung des entkleideten Leichnams, wobei die Ergebnisse in Wort und Bild dokumentiert werden. Ergibt die Leichenschau keine sicheren Aufschlüsse, kann die Untersuchungsbehörde eine gerichtliche Obduktion anordnen. Dann wird die Leiche zur Abklärung der Todesursache geöffnet, ähnlich einem chirurgischen Eingriff (siehe auch Seite 90).

Familienangehörige können eine Leichenschau oder eine Obduktion nicht verhindern, wenn die Untersuchungsbehörde diese aus kriminalpolizeilichen Gründen anordnet. Für die Dauer der Untersuchung haben die Angehörigen auch keinen oder nur beschränkten Zutritt zum Verstorbenen. Erst wenn die Obduktion abgeschlossen ist und die Behörde den Leichnam freigegeben hat, wird die verstorbene Person den Angehörigen für die Bestattung überlassen.

Tod im Ausland

Stirbt ein Schweizer, eine Schweizerin im Ausland, informieren die ausländischen Behörden die Schweizer Vertretung vor Ort. Die Schweizer Botschaft oder das Konsulat meldet den Todesfall der Sektion Konsularischer Schutz beim Eidgenössischen Departement für auswärtige Angelegenheiten (EDA) in Bern. Diese beauftragt die Kantonspolizei, den Angehörigen in der Schweiz die Todesnachricht persönlich zu überbringen. Bei einem Unfall im Ausland kommt es auch vor, dass die Schweizer Angehörigen direkt davon erfahren, sei es durch Mitreisende, durch das Krankenhaus oder am Unfall Beteiligte.

Sich aus der Ferne um die organisatorischen Folgen eines Todesfalls zu kümmern, kann sehr schwierig werden. Man muss Sprachkenntnisse haben und sich im Land zurechtfinden. Dafür gibt es die Sektion Konsularischer Schutz beim EDA in Bern. An sie können sich die Angehörigen bei Fragen wenden, die die Überführung der Leiche oder Urne in die Schweiz oder die Bestattung im Ausland betreffen. Diese Stelle koordiniert dann mit der Schweizer Vertretung im Ausland alle Massnahmen und stellt auch die erforderlichen Papiere aus (Adresse im Anhang).

Eine Urne mit der Asche des Verstorbenen können Angehörige problemlos selber in die Schweiz bringen. Dafür braucht es keinen speziellen Transport. Die Überführung einer Leiche in die Schweiz hingegen ist aufwendiger. Es braucht einen speziellen Zinksarg, und die Leiche muss einbalsamiert sein. Die Kosten bewegen sich zwischen 10 000 und 20 000 Franken. Unter Umständen hat der Verstorbene eine Versicherung abgeschlossen, die diese Summe deckt. Suchen Sie nach entsprechenden Unterlagen wie einem Schutzbrief oder einer Reiseversicherung. Informieren Sie umgehend die Versicherung.

INFO *Wenn ein in der Schweiz wohnhafter Ausländer im Ausland verstirbt, ist nicht das EDA zuständig, sondern die Botschaft seines Heimatlands vor Ort. Konkret: Stirbt zum Beispiel eine in der Schweiz niedergelassene Spanierin während des Urlaubs in Tunesien, kümmert sich die spanische Botschaft vor Ort um alles. Angehörige wenden sich in einem solchen Fall am besten direkt an ihre Botschaft oder ihr Konsulat in der Schweiz, sofern sie nicht bereits von dieser Stelle kontaktiert worden sind (Adressen unter www.eda.admin.ch → Vertretungen).*

Der Gang zum Bestattungsamt

Melden Sie den Todesfall innerhalb von zwei Tagen beim Bestattungsamt am Sterbeort. Ist der Tod nicht am Wohnort eingetreten, müssen Sie auch das dortige Amt informieren. Zur Anmeldung verpflichtet sind insbesondere die nächsten Angehörigen; wer nicht selbst auf dem Amt erscheinen kann oder will, hat auch die Möglichkeit, eine Vertrauensperson zu bevollmächtigen.

Welche Dokumente man in der Regel mitbringen muss, zeigt der folgende Kasten. Fragen Sie zur Sicherheit vorher nach.

DOKUMENTE UND INFORMATIONEN FÜR DAS BESTATTUNGSAMT

In der Regel sind bei der **Meldung des Todesfalls** folgende Dokumente vorzuweisen:

- Todesbescheinigung
- Familienbüchlein oder Familienschein
- Meldebestätigung
- bei ausländischen Staatsangehörigen: Ausländerausweis und Reisepass

Nach der Meldung des Todesfalls verlangt das Bestattungsamt folgende
Informationen:

- Zeitpunkt der Einsargung und Überführung, falls noch nicht geschehen
- Angaben: Kremation oder Erdbestattung?
- Ort und Datum der Bestattung
- Bestattungsrahmen: Trauergottesdienst oder nichtkirchliche Abdankung?
- Art des Grabes
- Koordination der amtlichen Todesanzeige mit der privaten Todesanzeige

---

Damit Sie nicht überrumpelt werden und sich auch mit den Familienangehörigen absprechen können, sollten Sie sich schon vor dem Gang aufs Bestattungsamt entsprechend informieren. Fragen Sie nach Merkblättern oder rufen Sie vorher an. Suchen Sie auch in den Papieren des Verstorbenen nach Bestattungswünschen oder einem Vorsorgevertrag, bevor Sie aufs Amt gehen. Vielleicht hat er ja gewisse Fragen schon zu Lebzeiten geregelt.

Weitere Stellen informieren

Setzen Sie sich so rasch wie möglich mit den folgenden Stellen in Verbindung:

- **Arbeitgeber des Verstorbenen:** Informieren Sie den Arbeitgeber spätestens am ersten Werktag nach dem Todesfall.
- **Eigener Arbeitgeber:** Verständigen Sie auch Ihren Arbeitgeber und sagen Sie ihm, wie lange Sie der Arbeit fernbleiben. Er muss Sie für die Zeit, die Sie für Behördengänge, die Organisation der Bestattung und die Teilnahme an der Trauerfeier benötigen, beurlauben. Üblich sind ein bis drei Tage.
- **Versicherungen:** Melden Sie den Todesfall zuerst telefonisch und dann schriftlich der Unfall- und der Lebensversicherung, auch wenn Sie unsicher sind, ob Leistungen ausgerichtet werden. So verpassen Sie keine Meldefristen.
- **Pfarrer:** Wenn Sie eine traditionelle Abdankung im kirchlichen Rahmen wünschen, kontaktieren Sie den Pfarrer. Er wird mit Ihnen den Ablauf der Trauerfeier besprechen und Sie bitten, einen Lebenslauf der verstorbenen Person zu verfassen (mehr zum Thema Trauerfeier auf Seite 98 und 148).
- **Freischaffende Trauerbegleiter:** Wünschen Sie eine Abdankung ausserhalb des kirchlichen Rahmens, kontaktieren Sie eine freischaffende Theologin, einen Bestattungsredner oder eine Ritualberaterin. Sie werden Sie beraten und Ihnen Vorschläge für die Trauerfeier unterbreiten (mehr dazu auf Seite 100 und 152).
- **Bestattungsunternehmen:** Hat der Verstorbene mit einem Bestattungsunternehmen oder einer anderen Organisation einen Vorsorgevertrag abgeschlossen, müssen Sie diese Firma verständigen. Wenn nicht, können Sie ein Bestattungsunternehmen mit einzelnen oder sämtlichen Dienstleistungen beauftragen (siehe auch Seite 103 und 145). Das Bestattungsamt und der Schweizerische Verband der Bestattungsdienste vermitteln Adressen (siehe Anhang).

Für die Benachrichtigung weiterer Vertragspartner wie der Krankenkasse oder der Vermieterin steht Ihnen mehr Zeit zur Verfügung (siehe auch Seite 166).

Todesanzeige und Danksagung

Die Todesanzeige informiert die Öffentlichkeit, Verwandte, Freunde und Bekannte über den Todesfall. Mit der Danksagung bedankt sich die Trauerfamilie später für die Anteilnahme, die sie erfahren hat.

Von Amtes wegen

Die amtliche Todesanzeige ist eine kurze Meldung, die die Behörde übernimmt. Sie erscheint im Amtsblatt, auf der Website der Gemeinde oder im Anschlagkasten des Gemeindebüros. In der Stadt Zürich beispielsweise sind amtliche Todesanzeigen im «Tagblatt» und in der «Neuen Zürcher Zeitung» zu finden. Auf Wunsch der verstorbenen Person oder der Hinterbliebenen kann die Publikation auch unterbleiben.

BEISPIEL: AMTLICHE TODESANZEIGE

«Sauber, Adrian, geb. 1920, von Glarus, Gatte der Sauber, geb. Kopp, Heidi Maria; 8048 Zürich, Baumgasse 2.

Freitag, 20. Juni 2014, 10.30 Uhr, Erdbestattung im Friedhof Affoltern, anschliessend Abdankung in der ref. Kirche Unterdorf.»

Selber den Tod anzeigen

Die private Todesanzeige lässt mehr Raum für individuelle Gestaltung als die knappe amtliche Anzeige. Sie können sie in einer oder mehreren Zeitungen Ihrer Wahl erscheinen lassen.

Viele Regionalzeitungen und private Bestatter verfügen über umfassende Mustersammlungen und beraten Sie beim Verfassen der Todesanzeige. (im Anhang finden Sie je einen Mustertext für eine Todesanzeige und eine Danksagung).

Geben Sie die Todesanzeige möglichst früh auf – am besten, sobald das Datum der Abdankung und der Ablauf der Beerdigung feststehen. Denn die Zeit bis zur Trauerfeier ist knapp. Sie können den Insertionsauftrag persönlich oder telefonisch zu den Bürozeiten erteilen, bei vielen Zeitungen auch rund um die Uhr per Internet. Die amtliche Todesanzeige ist in der Regel gratis. Bei der privaten Todesanzeige gibt es grosse preisliche Unterschiede. Je nach Auflage der Zeitung und Grösse der Anzeige bewegen sich die Kosten zwischen mehreren Hundert und mehreren Tausend Franken (ein Kostenrechner findet sich im Internet: www.mortalino.com → Todesanzeiger → Kostenkalkulator).

TIPP *Lassen Sie sich den Auftrag hinsichtlich Text, Grösse und Preis schriftlich bestätigen. Das schützt Sie vor ungerechtfertigten Kosten, wenn die Todesanzeige anders erscheint, als Sie sie bestellt haben.*

Das Leidzirkular

Viele Trauerfamilien verschicken – zusätzlich zur Todesanzeige oder an deren Stelle – ein Leidzirkular. Möglicherweise hat der Verstorbene selber eine Adressliste zusammengestellt, oder die Angehörigen überlegen gemeinsam, wer auf diesem Weg informiert werden soll: entfernt lebende Verwandte, die eine publizierte Todesanzeige kaum sehen werden; Freunde, Vereinskolleginnen, frühere Arbeitskollegen des Verstorbenen; Menschen, die Ihnen selber wichtig sind und die Sie persönlich ansprechen möchten.

Für das Leidzirkular benötigen Sie keinen zusätzlichen Text, oft wird einfach der Wortlaut der Todesanzeige als Kartentext verschickt. Die Zeitung, bei der Sie die Todesanzeige aufgeben, kann Ihnen eine Druckerei nennen. Inklusive Kuverts kosten gedruckte Leidzirkulare ungefähr 400 Franken. Sie können natürlich auch selber einen Text schreiben und diesen auf einem Papier Ihrer Wahl ausdrucken.

Die Bestattungsbräuche

Der Tod eines nahestehenden Menschen ist erschütternd. Bestattungsrituale wie das Aufbahren des Körpers und die Beerdigungszeremonie sollen helfen, den Verlust zu verkraften, und den Tod fassbarer machen.

Die Regeln über die Bestattung und über die Friedhöfe fallen von Kanton zu Kanton und von Gemeinde zu Gemeinde unterschiedlich aus. Erkundigen Sie sich am Wohnort des Verstorbenen nach den Vorschriften und fragen Sie nach Merkblättern. Heute sind viele Gemeinden auch im Internet präsent (eine Auswahl an Internetadressen findet sich im Anhang; ausführliche Informationen über Bestattungsarten, Grabschmuck und Grabpflege sowie zur Bestattung in- und ausserhalb des Friedhofs ab Seite 94).

Das Aufbahren

Aufbahren heisst, die verstorbene Person zurechtzumachen und zur Ruhe zu betten. So können Angehörige und Freunde sie noch einmal sehen und von ihr Abschied nehmen. Früher war es üblich, die Toten zu Hause aufzubahren, bei ihnen zu wachen und Abschieds- und Beileidsbesuche zu empfangen. Heute wird dies vor allem in städtischen Gebieten kaum noch praktiziert, obwohl es nach wie vor erlaubt und dank Kühlung durch Trockeneis auch problemlos möglich ist.

Meist wird die verstorbene Person schon bald nach dem Tod in die Aufbahrungshalle der Gemeinde gebracht. Vor der Überführung wird sie gewaschen, gekämmt, in die persönlichen Kleider oder ein Totenhemd gehüllt und in den Sarg gelegt. Diesen Dienst übernimmt beim Tod zu Hause der Bestatter der Gemeinde oder die Spitex, im Spital und Pflegeheim das Personal. Die Angehörigen können auf Wunsch beim Zurechtmachen und beim Einsargen helfen.

In der Leichenhalle dürfen sich die Angehörigen, Freunde und Bekannten vom Verstorbenen verabschieden. Allerdings sind die meisten Räumlichkeiten sehr nüchtern gehalten, und manchmal ist das Abschiednehmen nur hinter einer Glasscheibe möglich. Die Angehörigen können auch verfügen, dass bestimmte Personen keinen Zugang zum Aufbahrungsraum haben.

Einsargen und Transport des Toten

Für die Überführung in die Aufbahrungshalle oder direkt zur Bestattung ist je nach Gemeinde das Bestattungsamt oder ein Bestattungsunternehmen zuständig. Private Leichentransporte sind in der Schweiz nicht erlaubt. In der Stadt Zürich zum Beispiel kommen zwei amtliche Bestatter an den Todesort. Wenn möglich waschen, kämmen und bekleiden sie die verstorbene Person an Ort und Stelle. Wenn die Angehörigen möchten, dass man den Leichnam möglichst schnell abtransportiert, wird er in einem einfachen Transportsarg in die Leichenhalle gefahren. Später können die Angehörigen einen anderen Sarg auswählen und die Verstorbene umbetten lassen.

Lassen Sie sich für den Abschied genügend Zeit. Sie sind nicht verpflichtet, den Leichnam sofort ausser Haus bringen zu lassen, auch wenn die Bestatter lieber «vorwärtsmachen» würden. Gönnen Sie sich und Ihren nächsten Angehörigen die Zeit, die Sie brauchen, um herauszufinden, welche Abschiedszeremonie für Sie die richtige ist.

Sarg und Totenbekleidung

Das Bestattungsamt respektive der Bestatter bietet eine breite Auswahl an Sargmodellen, Sargkreuzen, Kleid- und Kissengarnituren sowie Urnen an   einige Beispiele des Bestattungsamts der Stadt Zürich:

- Der einfachste Sarg aus Pappelholz-Multiplexplatten ist für Einwohnerinnen und Einwohner der Stadt Zürich kostenlos. Das luxuriöseste Modell ist aus massiver Eiche und kostet 2875 Franken.
- Die einfachste Urne aus Ton mit Zürcher Wappendekor oder aus Holz ist für Einwohnerinnen und Einwohner kostenlos. Andere Modelle aus Kupfer, Keramik oder Edelstahl kosten um die 120 bis 680 Franken.

■ Ein Standardsargkleid inklusive Sargkissen kommt auf etwa 60 bis 75 Franken zu stehen.

Die traditionellen Särge sind entweder aus Furnier- oder aus massivem Holz. Je nach Wunsch sind sie mit einer Klappe versehen, die das Gesicht des Toten freigibt, oder mit einem Glasdeckel. Neben den traditionellen Modellen bieten einzelne Bestattungsunternehmen auch ausgefallenere Särge an, zum Beispiel einen Ökosarg aus Karton oder einen Sarg in Röhrenform.

Auch die Innenausstattung des Sargs können Sie frei wählen. Die Palette reicht von der einfachen Sargbespannung bis zu echter Seide. Sie dürfen den Verstorbenen auch auf sein eigenes Kissen betten und mit seiner Lieblingsdecke zudecken. Achten Sie aber auf die örtlichen Vorschriften. Oft sind nur Naturmaterialien erlaubt.

Bei den Totenhemden gibt es verschiedene Modelle und Materialien. Das Totenhemd für den Mann ähnelt einem Hemd, das der Frau einer Bluse. Der Tote darf aber auch in «Zivilkleidung» bestattet werden. Vielleicht erscheint Ihnen sein oder ihr Lieblingskleid passender.

Erdbestattung oder Kremation?

Ob Erd- oder Feuerbestattung, ist in erster Linie eine Glaubensfrage. Moslems und Juden kennen nur die Erdbestattung. Die katholische Kirche erlaubt zwar seit 1963 die Feuerbestattung, stellt sich aber auf den Standpunkt, dass die Erdbestattung vorzuziehen ist. Angehörige des evangelisch-reformierten Glaubens sowie Menschen in städtischen Gebieten wählen heute eher die Feuerbestattung, auch Kremation genannt. Schweizweit werden rund 80 Prozent der Verstorbenen eingeäschert.

Während es bei einer Erdbestattung genaue Vorschriften gibt – sie ist zum Beispiel nur auf dem Friedhof erlaubt –, ist man bei der Feuerbestattung freier. Hier dürfen die Angehörigen die Urne mit der Asche des Verstorbenen mitnehmen. Sie entscheiden selber, wo sie sie aufbewahren wollen: zu Hause, im Grab oder an einem speziellen Ort. Die Asche darf auch verstreut werden, zum Beispiel an einer Stelle, die dem Verstorbenen sehr viel bedeutete, etwa auf einem Berg, in einer Waldlichtung oder am Meer (mehr dazu auf Seite 96).

Wer bestimmt über die Bestattung?

Als Erstes sollten Sie abklären, ob die verstorbene Person eigene Wünsche in Bezug auf Bestattung, Trauerfeier und letzte Ruhestätte hinterlassen hat, etwa in Form eines Schreibens. Eventuell hat sie einen Vorsorgevertrag mit einem privaten Bestattungsunternehmen abgeschlossen (siehe Seite 101). Wenn sie ihre Wünsche auf der Gemeinde deponiert hat, sollten Sie bei der Meldung des Todesfalls darüber informiert werden.

Die Totenfürsorge

Hat die verstorbene Person keine Wünsche festgehalten, bestimmen die nächsten Angehörigen, ob und in welchem Rahmen die Beerdigung stattfinden soll. Ihnen steht dann das sogenannte Recht auf Totenfürsorge zu (siehe auch Seite 103). Wenn es mehrere nahe Angehörige gibt, kann sich die Frage stellen, wer das letzte Wort haben soll.

Die wenigsten Gemeinden haben diese Frage gesetzlich geregelt. Eine Ausnahme ist die Gemeinde Aesch BL. Hier gilt: Nicht verheiratete Lebenspartner können Anordnungen für die Bestattung nur mit einer zu Lebzeiten erstellten gegenseitigen Vollmacht treffen, oder sie brauchen die Vollmacht eines anzeigepflichtigen Angehörigen. Gibt es keine schriftliche Anordnung der verstorbenen Person und auch keine Hinterbliebenen, die Anordnungen treffen können, entscheidet die Gemeindeverwaltung. Konkubinatspaare in Aesch tun also gut daran, ihre Wünsche schriftlich festzuhalten, sonst entscheidet ein anderer Angehöriger oder die Gemeinde.

Kein Streit um die Beerdigung!

Unter den Angehörigen kann ein Streit darüber ausbrechen, wem das Recht auf Totenfürsorge zusteht. Können Hinterbliebene sich nicht einigen und gibt es keine klaren kantonalen Vorschriften, müssen die Gerichte entscheiden. Zwei Beispiele aus der schweizerischen Rechtsprechung:

AUS EINEM URTEIL DES BUNDESGERICHTS: Die vom Verstorbenen getrennt lebende Ehefrau und seine Eltern stritten um das Recht auf Totenfürsorge. Das Bundesgericht erkannte, dass man nicht auf starre Regeln wie zum Beispiel die Erbfolge abstellen kann. Zu prüfen sei vielmehr, zu welchem der nächsten Angehörigen der Verstorbene die engste Beziehung hatte. Dabei könne man generell vermuten, dass die Beziehung unter den Ehegatten enger sei als die Beziehung des Verstorbenen zu seinen Eltern. In diesem Fall aber – so das Bundesgericht – sei davon auszugehen, dass die Beziehung zwischen Eltern und Sohn enger war als die Beziehung unter den Ehegatten, da diese getrennt lebten und sich entfremdet hatten (BGE 101 II 177).

AUS EINEM URTEIL DES OBERGERICHTS DES KANTONS ZÜRICH: Hier stritten sich die getrennt lebende Ehefrau und die Lebenspartnerin, mit der der Verstorbene Kinder hatte. Nach der bundesgerichtlichen Rechtsprechung müsste die Lebenspartnerin das letzte Wort haben. Denn die Beziehung des Verstorbenen zu ihr war gewiss enger als jene zur getrennt lebenden Ehefrau. Das Obergericht sprach aber der Ehefrau das Recht auf Totenfürsorge zu. Es anerkannte zwar, dass die Lebenspartnerin eine nahestehende Person sei; sie gehöre aber gar nicht zum Kreis der «nächsten Angehörigen». Deshalb könne man nicht auf die bundesgerichtliche Rechtsprechung abstellen.

Solche Gerichtsfälle sollte man vermeiden und stattdessen nach anderen Lösungen suchen. Vielleicht kann eine Drittperson – eine gemeinsame Bekannte, die Pfarrerin, ein professioneller Mediator – vermitteln. Oder die Parteien teilen sich das Recht auf Totenfürsorge, indem die eine Partei die Bestattungsart bestimmt und die andere den Grabschmuck auswählt.

Die Bestattungskosten

Welche Kosten und oganisatorischen Dinge der Staat übernimmt, ist in den kantonalen und kommunalen Bestattungs- und Friedhofsverordnungen festgehalten. Fragen Sie bei der Gemeindekanzlei nach, mit welchen Dienstleistungen Sie im Todesfall rechnen können. Der Umfang der behördlichen Unterstützung variiert von Gemeinde zu Gemeinde enorm. Zwei Beispiele: Die Stadt Zürich erbringt für verstorbene Einwohnerinnen und Einwohner folgende Leistungen kostenlos:

- Leichenschau
- Transport innerhalb der Stadt
- Einfacher Sarg
- Einsargung

- Einäscherung oder Erdbestattung
- Ton- oder Holzurne und deren Beisetzung
- Reihengrab, Urnennische oder ein Platz auf dem Gemeinschaftsgrab
- Aufhebung von Reihengräbern und Nischen nach abgelaufener Ruhezeit
- Amtliche Publikation der Bestattung
- Taxifahrt zur Beerdigung für die nächsten Angehörigen
- Grabmalberatung

In der Stadt Bern dagegen werden nur Bedürftige kostenlos bestattet. Für alle anderen sind bloss folgende Leistungen unentgeltlich:
- Entgegennahme der Bestattungsanmeldung
- Vereinbarung der Bestattungsmodalitäten
- Beratung und Auskunft
- Anordnung der Feuer- oder Erdbestattung

Die Hinterbliebenen müssen also Sarglieferung, Einsargen, Leichentransport und vieles mehr selber organisieren oder ein privates Bestattungsunternehmen beauftragen und bezahlen.

Private Bestatter

Auf der Suche nach einem privaten Bestattungsunternehmen ist sowohl die Gemeindekanzlei als auch das Krankenhaus oder das Altersheim behilflich. Generell gilt: Sie können die komplette Organisation in die Hände der Firma geben oder nur einzelne Aufgaben (siehe Kasten).

Die Kosten variieren je nach Umfang der Dienstleistungen. Allein die Organisation der Bestattung, ohne Transport, Sarg etc. kann 1000 Franken und mehr kosten (siehe Beispiel Seite 105). Ein Drittel der Bestattungsinstitute ist dem Schweizerischen Verband der Bestattungsdienste (SVB) angeschlossen; er hat Richtpreise herausgegeben und eine Ombudsstelle eingerichtet, die bei Streitigkeiten vermittelt (Adresse im Anhang).

TIPP *Beugen Sie bösen Überraschungen und nachträglichen Streitigkeiten vor: Holen Sie verschiedene Offerten ein, vergleichen Sie die Preise und offerierten Dienstleistungen und lassen Sie sich die getroffenen Vereinbarungen schriftlich respektive per Fax oder E-Mail bestätigen.*

DAS ANGEBOT EINES PRIVATEN BESTATTERS

- Beratung
- Erledigung aller amtlichen Formalitäten beim Zivil- und Bestattungsamt
- Kontaktaufnahme mit allen Angehörigen
- Überführung von im Ausland Verstorbenen in die Schweiz
- Aufsetzen, Drucken und Liefern von Leidzirkularen und Todesanzeigen
- Transporte im In- und Ausland
- Auswahl an verschiedenen Särgen und Urnen
- Einsargen und Aufbahren
- Organisation der Bestattung
- Organisation der Trauerfeier

Wer kommt für die Kosten auf?

Die Bestattungskosten gehören rechtlich zu den Erbgangsschulden. Das heisst, sie werden aus dem Nachlass der verstorbenen Person bezahlt. Damit trägt jeder Erbe einen seiner Erbquote entsprechenden Anteil. Was aber gilt, wenn sich die Erben nicht einig sind über den Aufwand und damit über die Kosten für die Trauerfeierlichkeiten? Grundsätzlich dürfen die nächsten Angehörigen das Übliche bestellen. Was üblich ist, hängt ab von der gesellschaftlichen Stellung des Verstorbenen und den finanziellen Mitteln des Nachlasses. Feste Grenzen gibt es nicht.

Heikel wird es, wenn die verstorbene Person keine finanziellen Mittel hatte und alle Erben das Erbe ausgeschlagen haben (siehe Seite 161). Ist kein Angehöriger bereit, die Kosten zu übernehmen, sollten Sie auf keinen Fall Aufträge an einen Bestatter erteilen, bevor Sie sich nicht mit der Wohngemeinde des Verstorbenen abgesprochen haben. In solchen Ausnahmefällen übernimmt die Gemeinde in der Regel die Bestattungskosten. Sie kommt allerdings nur für das absolute Minimum auf, also für den günstigsten Sarg und die Beisetzung auf dem Gemeinschaftsgrab.

Haben Sie in einer solchen Situation ohne Absprache mit der Gemeinde ein privates Bestattungsunternehmen eingeschaltet, haben Sie rechtlich gesehen einen Auftrag in eigenem Namen erteilt und sind deshalb für die Kosten persönlich haftbar. Wer das Erbe nicht ausgeschlagen hat, muss Ihnen diese Kosten immerhin anteilsmässig erstatten. Haben aber alle ausgeschlagen, ist ein Rückgriff rechtlich kaum möglich. Zwar gibt es einen uralten Bundesgerichtsentscheid, wonach auch ausschlagende Erben gemäss der postumen Verwandtenunterstützungspflicht die Beerdigungskosten tragen müssen (BGE 54 II 90). Doch selbst wenn ein Gericht diese Auffassung heute noch stützen sollte, wären nur Verwandte in gerader Linie – also Grosseltern, Eltern, Kinder, Enkel – betroffen, die sehr begütert sind (steuerbares Einkommen für Alleinstehende: mindestens 120 000 Franken; Einkommen für Ehepaare ohne Kinder: mindestens 180 000 Franken).

> **GUT ZU WISSEN** *Angehörige können auch eine Körperspende an das anatomische Institut einer Universität verfügen. Nimmt das Institut die Spende an – es ist nicht dazu verpflichtet –, kommt es später für die Einäscherung und die Beisetzung im Gemeinschaftsgrab auf (mehr zum Thema Körperspende auf Seite 90).*

Die Trauerfeier organisieren

Die Familie, die Verwandtschaft, Freunde und Bekannte teilen nicht nur freudige Momente mit uns. Sie stützen uns auch in Leid und Trauer – wenn wir sie lassen. Die Trauerfeier bietet dafür einen feierlichen und würdevollen Rahmen.

Es spielt keine Rolle, ob die Feier in der Dorfkirche oder am Seeufer stattfindet, ob klassische Musik oder Rockballaden gespielt werden, ob eine Pfarrerin die tröstenden Worte spricht oder ein guter Freund des Verstorbenen. Die Trauerfeier soll Ihnen und den anderen Trauernden die Möglichkeit geben, Abschied zu nehmen und Trost zu finden.

Die Feier in der Kirche

In unserer Gesellschaft üblich ist die kirchliche Trauerfeier. Dazu gehören ein Trauergottesdienst und die vorangehende oder nachfolgende Bestattung auf dem Friedhof. Die Trauerfeier im kirchlichen Rahmen ist öffentlich. Auf Wunsch können die Angehörigen aber auch eine Trauerfeier im engen Familienkreis abhalten oder sogar ganz darauf verzichten.

Fachleute für Trauerbewältigung befürworten allerdings eine öffentliche Trauerfeier. Eine öffentliche Zeremonie sei wichtig für den Trauerprozess, auch wenn gerade die nächsten Angehörigen dies so kurz nach dem Tod oft nicht realisierten.

Denken Sie auch an Menschen wie Arbeits- und Vereinskollegen oder Nachbarn, die gerne vom Verstorbenen Abschied nehmen würden. Und Hand aufs Herz: Wer verspürt bei einer grossen Trauergemeinde nicht etwas Freude darüber, dass der verstorbene Mensch so vielen Personen wichtig war? Allenfalls lässt sich ein Kompromiss finden: Die Beisetzung auf dem Friedhof geschieht im allerengsten Familienkreis, und anschliessend gibt es eine öffentliche Trauerfeier.

Besprechen Sie sich mit Ihren Angehörigen, wenn Sie unsicher sind. Fragen Sie im Freundes- und Bekanntenkreis nach Erfahrungen. Rat erhalten Sie auch bei Fachleuten wie dem Pfarrer oder der Ritualberaterin.

 INFO *Auch wenn der Verstorbene keiner Kirche mehr angehörte, ist eine kirchliche Trauerfeier und Bestattung möglich. Je nach Kirchgemeinde ist sie kostenlos, oder man erwartet eine Spende. In anderen wie den reformierten Landeskirchen Aargau, St. Gallen, beide Appenzell, Glarus, Bern-Jura-Solothurn gelten Tarife.*

Die Trauerfeier selber organisieren?

Es kann tröstlich sein, gemeinsam mit anderen Angehörigen den Abschied von einem geliebten Menschen zu organisieren. Wenn Sie sich aber mit dem Ganzen überfordert fühlen, sollten Sie nicht zögern, ein erfahrenes Familienmitglied, eine Freundin oder den Pfarrer um Hilfe zu bitten. Sie können die gesamte Organisation der Trauerfeier auch einem Bestattungsinstitut übertragen. Wenn Sie die Trauerfeier selber organisieren, empfiehlt es sich, Schritt für Schritt vorzugehen (siehe Checkliste im Anhang).

Die Bestattung festlegen

Den Zeitpunkt der Bestattung und der Trauerfeier bestimmt in der Regel das Zivilstandsamt in Absprache mit den Angehörigen. Gewisse Gemeinden wie Rapperswil SG reservieren die Abdankungshalle oder Friedhofskapelle und avisieren den Pfarrer, die Friedhofsgärtnerei, Sigristen und Organisten. Fragen Sie bei Ihrem Zivilstandsamt nach, ob und wo Sie den Ort für die Abdankung reservieren müssen.

Die Zeit in der Abdankungshalle oder Friedhofskapelle ist in der Regel auf 45 Minuten beschränkt. Wenn Sie eine längere Abdankungsfeier wünschen, sollten Sie eine weitere Zeiteinheit reservieren. Planen sie eine Trauerfeier in der Kirche, sprechen Sie alles mit dem Pfarrer ab.

Sobald Ort und Zeit der Trauerfeier feststehen, haben Sie die erforderlichen Informationen beisammen, um eine Todesanzeige aufgeben zu können.

Die Todesanzeige aufgeben

Die meisten Trauerfamilien geben eine private Todesanzeige in der Regionalzeitung auf. Sie können die Todesanzeige auch als Leidzirkular drucken lassen und an die Trauergemeinde verschicken.

Es ist wichtig, dass Sie die Todesanzeige so rasch wie möglich publizieren. Fragen Sie bei der Zeitung nach dem Redaktionsschluss (mehr zum Thema Todesanzeige auf Seite 139; Vorlage im Anhang).

Die Besprechung mit dem Pfarrer

Für die Besprechung der Abschiedsfeier stattet der Pfarrer den nächsten Angehörigen einen Hausbesuch ab. Wenn das Zivilstandsamt ihn direkt über den Todesfall informiert, wird er sich bei der Trauerfamilie melden. Fragen Sie den Zivilstandsbeamten, wie das in Ihrer Gemeinde geregelt ist, und lassen Sie sich die Adresse des Pfarrers geben.

Die meisten wünschen sich eine Abdankung mit den üblichen Ritualen wie Predigt, Vorlesen des Lebenslaufs, Gebeten, Gesang und Orgelspiel. Es ist aber auch möglich, das Orgelspiel wegzulassen und stattdessen andere Musik zu spielen, von Klassik bis Rock. Auch Darbietungen des Gesangsvereins des Verstorbenen oder musikalische Einlagen von Verwandten und Freunden können die Trauerfeier umrahmen.

Kannte der Pfarrer den verstorbenen Menschen nicht persönlich, bittet er die Angehörigen um einen Lebenslauf. An der Trauerfeier verliest meist der Pfarrer den Lebenslauf. Diese Aufgabe kann aber auch jemand aus der Familie oder dem Freundeskreis des Verstorbenen übernehmen. Oder Weggefährten des Verstorbenen sprechen im Anschluss an die Verlesung des Lebenslaufs von ihren persönlichen Erinnerungen an ihn.

TIPP *Formulieren Sie Ihre Wünsche und besprechen Sie mit dem Pfarrer, was möglich ist und wer was organisieren soll.*

Die Dekoration

Oft wünschen die Angehörigen eine Dekoration der Kirche oder Abdankungshalle: Kerzen, ein Sargbouquet, Blumenkränze, Blumen am Altar oder im Sarg und als Beigabe ins Grab. In der Regel müssen Sie Blumen und Kerzen selber bestellen. Sprechen Sie sich mit der Sigristin, dem Bestattungsinstitut oder dem Friedhofsgärtner ab. Ihr Blumengeschäft berät Sie bei der Auswahl und liefert die Blumenarrangements. Geben Sie Ihre Bestellung mindestens einen Tag vor der Trauerfeier auf. Die Kosten sind regional unterschiedlich. Ein durchschnittliches Sargbouquet kostet rund 200 Franken, ein Trauerkranz 300 Franken.

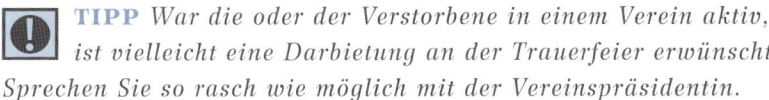 **TIPP** *War die oder der Verstorbene in einem Verein aktiv, ist vielleicht eine Darbietung an der Trauerfeier erwünscht. Sprechen Sie so rasch wie möglich mit der Vereinspräsidentin.*

Das Leidmahl

Nach der Trauerfeier treffen sich die Hinterbliebenen zum Leidmahl. Meist findet es im Saal eines Restaurants in der Nähe der Kirche oder des Friedhofs statt. Sie können aber auch einen anderen Ort wählen, zum Beispiel das Lieblingscafé des Verstorbenen. Oder Sie bewirten die Trauergäste bei sich zu Hause. Was Sie auftischen, ist Ihnen überlassen. Es gibt hier keine Vorschriften. Vom Fünfgangmenü über die kalte Platte bis zu Kaffee und Kuchen ist alles möglich. Findet das Leidmahl in einem Restaurant statt, reservieren Sie frühzeitig einen separaten Saal und das Menü. Geben Sie die ungefähre Anzahl der Trauergäste an.

Transporte

Am Tag der Beerdigung möchten Sie vielleicht kein Auto steuern und auch nicht mit dem öffentlichen Verkehr unterwegs sein. Reservieren Sie frühzeitig ein Taxi oder vereinbaren Sie eine Mitfahrgelegenheit. Wenn Sie mit Privatautos zur Kirche fahren: Vergewissern Sie sich, dass genügend Parkplätze für die engste Trauerfamilie vorhanden sind.

Die alternative Trauerfeier

Heute können sich immer weniger Menschen mit den vorgegebenen Riten einer kirchlichen Abdankung identifizieren; sie möchten den Abschied persönlicher gestalten. Eine Trauerfeier muss nicht zwingend in der Kirche und mit einem Pfarrer stattfinden. Sie können auch einen freischaffenden Theologen, eine Ritualbegleiterin oder Bestattungsrednerin engagieren. Auch in Bezug auf den Ort haben Sie freie Wahl: Ein feierlicher Abschied ist im Wald, auf einem Schiff, in den Bergen oder an einem anderen Lieblingsplatz des Verstorbenen möglich.

Wenn der Verstorbene kremiert wurde, dürfen Sie die Urne mit seiner Asche mitnehmen und an einem für ihn – oder Sie – bedeutsamen Ort verstreuen. Bei einer Erdbestattung muss der Verstorbene zwar auf einem Friedhof beigesetzt werden, die Trauerfeier selber kann aber ausserhalb stattfinden.

Anders Abschied nehmen

Eine Ritualberaterin beschreibt eine Feier, die sie mit Angehörigen des Verstorbenen gestaltet hat:

«Ich treffe mich mit Angehörigen und Freunden des Verstorbenen auf 1000 Metern über Meer. Der Verstorbene liebte es, in diesem Bergtal zu wandern. Wir gehen ein kleines Wegstück zum vorbereiteten Bestattungsplatz auf einer Waldlichtung.

Nach einem Gebet halten wir Rückschau auf die letzte Lebenszeit und sprechen vom Ort des Abschieds und dessen Bedeutung für den Verstorbenen und für uns jetzt. Wir hängen eine Zeichnung der Kinder für den verstorbenen Grossvater an einen Baum und entleeren dann die mitgebrachte Urne in den Waldboden. Alle Anwesenden fügen etwas Erde dazu, und wir sprechen einen Segen. Danach lese ich Geschichten aus dem Leben des Verstorbenen vor. Anschliessend zelebrieren wir ein Versöhnungs- und Dankesritual, um noch vorhandene Verletzungen loszulassen.

Alle erhalten ein Samentäschchen mit Sonnenblumenkernen, die sie zu Hause säen können als Zeichen ihrer Verbindung zum Verstorbenen. Zum Schluss pflanzen wir über der mit Erde vermengten Asche ein kleines Bäumchen, und jeder steckt eine Rose dazu. Nach einem Segen für die ganze Familie verlassen wir den Platz des Abschieds.»

INFO *Freischaffende Ritualberaterinnen und Theologen berechnen in der Regel einen Stundenansatz zwischen 90 und 180 Franken. Aufwendigere rituelle Feiern können 900 bis 2000 Franken kosten. Eine Informationsbroschüre und das Mitgliederverzeichnis können Sie anfordern unter www.ritualnetz.ch.*

7

Nach der Beerdigung

Nachdem der Verstorbene zur Ruhe gebettet wurde, gilt es, den Kreis seiner Erben zu ermitteln und den Nachlass zu regeln. In diesem Kapitel lesen Sie, wer sich um die Nachlassangelegenheiten kümmert, was hinsichtlich Schuldenhaftung und Erbteilung gilt und wie Hinterbliebene zu ihren Renten kommen.

Was geschieht mit dem Nachlass?

Der Nachlass einer verstorbenen Person wird unter den Erben aufgeteilt. Vorerst aber gehört das Erbe der sogenannten Erbengemeinschaft, also allen Erbinnen und Erben gemeinsam.

Eine Erbengemeinschaft ist sozusagen eine Zwangsgemeinschaft: Sie gehören ihr an – egal, wie sympathisch oder unsympathisch Ihnen Ihre Miterben sind.

Die Erbengemeinschaft erbt nicht nur das Vermögen, sondern auch die Schulden der verstorbenen Person. Zur Erbengemeinschaft zählen die gesetzlichen Erben sowie die im Testament oder Erbvertrag eingesetzten Erben. Wer dazugehört, entscheidet die Familiensituation (siehe Seite 16). Kein Erbe ist aber verpflichtet, das Erbe anzunehmen. Wer es rechtzeitig ausschlägt, scheidet aus dem Kreis der Erbengemeinschaft aus und hat nichts mehr mit der Abwicklung des Nachlasses und der Schuldenhaftung zu tun.

Die Erbengemeinschaft

Verstorbene sind rechtlich gesehen Erblasser; alle Mitglieder der Erbengemeinschaft treten automatisch in die Rechtsstellung der Verstorbenen ein. Solange die Erben den Nachlass nicht geteilt haben, gehört jedem alles, und jeder ist für die Hinterlassenschaft verantwortlich.

DIE VERWITWETE EDITH K. hinterlässt drei erwachsene Kinder, Rahel, Daniel und Sandro. Sie besass ein Mehrfamilienhaus. Wer begleicht nun die offenen Rechnungen, wer füllt die Steuererklärung per Todestag aus, wer nimmt die Wohnung des ausziehenden Mieters im ersten Stock ab, und wer räumt die Wohnung der verstorbenen Mutter? Zuständig ist die Erbengemeinschaft – die in diesem Fall aus Edith K.s drei Kindern besteht.

ERBRECHT: EINIGE DEFINITIONEN

Den folgenden Begriffen begegnen Sie immer wieder, wenn Sie mit einer Erbteilung zu tun haben:

- **Erblasser:** die verstorbene Person
- **Nachlass:** das unter den Erben aufzuteilende Vermögen des Erblassers
- **Gesetzliche Erben:** Personen, die nach den Bestimmungen des Schweizerischen Zivilgesetzbuchs erben
- **Pflichtteilserben:** Erben, die einen garantierten Anspruch auf einen Teil des Nachlasses haben
- **Eingesetzte Erben:** Personen, die der Erblasser im Testament oder Erbvertrag als Erben bestimmt hat
- **Vermächtnisnehmer:** Personen, denen der Erblasser im Testament oder Erbvertrag einen Geldbetrag oder sonstigen Vermögenswert vermacht hat, ohne sie als Erben einzusetzen
- **Willensvollstrecker:** kann nur vom Erblasser im Testament bestimmt werden; bereitet die Erbteilung nach den Anweisungen des Erblassers vor
- **Erbschaftsverwalter:** wird auf Antrag eines Erben oder von Amtes wegen ernannt; kümmert sich um die Geschäfte des Nachlasses, solange der Kreis der Erben unklar ist
- **Amtlicher Erbenvertreter:** hat die gleichen Aufgaben wie der Erbschaftsverwalter, wird aber von der Behörde nur eingesetzt, um Schaden vom Nachlass abzuwenden (etwa wenn die Erbengemeinschaft nicht in der Lage ist, wichtige Geschäfte des Nachlasses zu erledigen)
- **Nicht amtlicher Erbenvertreter:** von der Erbengemeinschaft bevollmächtigter Erbe, der sich bis zur Teilung um den Nachlass kümmert

Die Erbengemeinschaft ist allerdings ein sehr schwerfälliges Gebilde: An den Nachlassgegenständen besteht Gesamteigentum. Das bedeutet, dass kein Erbe ohne die Einwilligung aller Miterben über Gegenstände oder Gelder der Toten verfügen darf. Daniel K. kann das Haus der Mutter also nicht ohne Einwilligung seiner Geschwister verkaufen. Alle Erben müssen zudem mit jeder Verwaltungshandlung einverstanden sein, etwa mit der Abnahme einer Wohnung oder mit der Neuvermietung.

Nur ausnahmsweise ist der Erbengemeinschaft die Verwaltung des Nachlasses und die Vorbereitung der Erbteilung entzogen. Dann nämlich, wenn der Verstorbene einen Willensvollstrecker eingesetzt hat oder wenn die Behörden einen Erbschaftsverwalter oder amtlichen Erbenvertreter bestimmen. Die Erben können diesen Amtsträgern nicht kündigen. Nur die kantonale Aufsichtsbehörde ist befugt, ihnen das Mandat zu entziehen, wenn sie ihre Aufgaben nicht pflichtgemäss erfüllen. Im Kanton Zürich etwa ist das Bezirksgericht zuständig, im Kanton Bern der Statthalter.

Der Willensvollstrecker

Hat die Erblasserin im Testament oder Erbvertrag einen Willensvollstrecker eingesetzt, ist den Erben die Nachlassregelung entzogen. Der Willensvollstrecker kümmert sich um alle Geschäfte der Hinterlassenschaft: Er begleicht die Erbschaftsschulden, richtet Vermächtnisse aus, führt einen Betrieb des Erblassers weiter, kümmert sich um die Vermögensbewirtschaftung und bereitet die Teilung der Erbschaft nach den Anordnungen der Erblasserin vor. Damit er sich Dritten – zum Beispiel der Bank oder dem Grundbuchamt – gegenüber ausweisen kann, erhält er von der Behörde ein Willensvollstreckerzeugnis.

Der Vollzug der Teilung gehört nicht zu seinen Aufgaben, wenn die Erben nicht zustimmen. Er kann aber kraft seiner Amtsmacht die Teilung vorwegnehmen, indem er die Erbteile einfach auszahlt. Wenn die Erben nicht einwilligen – etwa schriftlich in einem Erbteilungsvertrag –, ist die Erbteilung rechtlich nicht korrekt vollzogen. Trotzdem kann ein solches Vorgehen ausnahmsweise sinnvoll sein, wenn sich ein Erbe der Teilung zu Unrecht widersetzt.

JOLANDA H.S NETTONACHLASS beträgt nach Begleichung aller Rechnungen 90 000 Franken. Davon steht laut Testament den beiden Töchtern der volle Erbanteil zu, während der Sohn auf den Pflichtteil gesetzt ist. Den dadurch frei werdenden Anteil erhält Frau H.s Lebenspartnerin. Aus Ärger über die Zurückstufung verweigert der Sohn die Unterschrift auf dem Erbteilungsvertrag.
An sich müssten die anderen Erben das Gericht einschalten und einen Erbteilungsprozess anstrengen. Weil aber der Willensvollstrecker Zugriff auf das Geld hat, kann er die Anteile einfach auszahlen und so diesen unnötigen Umweg vermeiden. Und da die Auszahlungen mit dem Testament übereinstimmen, hat der Sohn keine Handhabe, etwas dagegen zu unternehmen.

Die Entschädigung des Willensvollstreckers

Der Willensvollstrecker hat Anspruch auf eine angemessene Entschädigung. Hat die verstorbene Person nichts Entsprechendes festgelegt, muss der Willensvollstrecker nach Stundenaufwand abrechnen. Pauschale Ansätze von ein bis drei Prozent des Bruttonachlassvermögens kommen in der Praxis zwar immer noch vor, sind in der Regel aber nicht statthaft. Das Honorar wird aus dem Nachlass gezahlt.

Wenn sich das Amt einschaltet

Nur in bestimmten Fällen schaltet sich eine Behörde von sich aus ein. Meldet sie sich bei den Hinterbliebenen, geht es meist um Steuerfragen. Laut Bundesrecht muss die im Kanton des letzten Wohnsitzes des Erblassers zuständige Behörde immer ein Steuerinventar aufnehmen. Es dient der Festsetzung der Erbschaftssteuer und ermöglicht die Aufdeckung einer allfälligen Steuerhinterziehung durch den Verstorbenen. In den meisten Kantonen nimmt das Steueramt nur dann ein Inventar auf, wenn der Todesfall voraussichtlich eine Erbschaftssteuer auslöst. Konkret: Es muss ein gewisses Vermögen vorhanden sein. In den Kantonen Bern und Zürich liegt die Grenze bei 100 000, im Kanton Thurgau bei 50 000 Franken.

Das Steuerinventar ist für die spätere Teilung unter den Erben nicht verbindlich. Das ist auch richtig so. Denn oft basiert das Inventar auf der Selbstdeklaration eines Erben. Zudem entspricht die Bewertung von Sachwerten nicht dem für die Teilung massgebenden Verkehrswert, sondern dem meist tieferen Steuerwert.

Versiegeln und absichern

Befürchtet ein Erbe, dass sich seine Miterben bereichern, kann er vom Amt Sicherungsmassnahmen verlangen: die Siegelung oder die Aufnahme eines Sicherungsinventars. Beide Instrumente sollen verhindern, dass Gegenstände verschwinden oder bei der Erbteilung nicht berücksichtigt werden.

- Bei der **Siegelung** veranlasst die Behörde am letzten Wohnsitz des Erblassers eine Konten- und Grundbuchsperre und nimmt wertvolle Gegenstände in Verwahrung.
- Das **Sicherungsinventar** listet die Vermögenswerte des Erblassers, manchmal auch die Schulden auf.

Von Amtes wegen werden diese Massnahmen nur in Ausnahmefällen ergriffen: etwa wenn nicht alle Erben bekannt sind, wenn ein Erbe unter umfassender Beistandschaft steht oder wenn eine Erbin im Ausland wohnt und in der Schweiz keine Vertretung hat. Doch jeder Erbe, jede Erbin kann die sofortige Siegelung des Nachlasses oder die Aufnahme eines Sicherungsinventars verlangen, wenn zu befürchten ist, dass Nachlassgegenstände verschwinden. Auskunft erteilt die Gemeindekanzlei (ein Muster für einen Antrag auf Siegelung und auf Aufnahme eines Inventars finden Sie im Anhang: «Gesuch an die Behörden»).

Wenn der Kreis der Erben unklar ist

Manchmal ist nicht klar, wer alles zur Erbengemeinschaft gehört oder ob überhaupt Erben vorhanden sind, manchmal kommt es vor, dass niemand seine Erbberechtigung zweifelsfrei nachweisen kann. Oder man weiss zwar von einer Erbin, doch die ist dauernd abwesend und hat keine Vertretung in der Schweiz. In all diesen Fällen wird von der Behörde eine amtliche Erbschaftsverwaltung angeordnet.

Der Erbschaftsverwalter beschränkt sich darauf, den Nachlass zu erhalten und zu bewirtschaften, bis die Erbengemeinschaft die Teilung vornehmen kann; für die Vorbereitung der Teilung ist er nicht zuständig. Die Kosten für die Erbschaftsverwaltung richten sich jeweils nach den im Kanton geltenden Gebührenansätzen. Hat die Erblasserin einen Willensvollstrecker ernannt, übernimmt dieser die Aufgaben des Erbschaftsverwalters.

Was, wenn die Nachlassregelung blockiert ist?

Jeder Erbe, jede Erbin kann bei der Behörde am letzten Wohnsitz des Erblassers beantragen, dass ein amtlicher Erbenvertreter eingesetzt wird. Dies ist dann sinnvoll, wenn sich die Erben über die Verwaltung der Hinterlassenschaft streiten oder wenn eine Erbin eigenmächtig zum Nachteil der anderen handelt. Die Kosten richten sich nach den kantonalen Gebührenansätzen (ein Muster für das Gesuch um Ernennung eines amtlichen Erbenvertreters finden Sie im Anhang: «Gesuch an die Behörden»).

Die Aufgaben und Kompetenzen des Erbenvertreters decken sich mit denen des Erbschaftsverwalters. Streiten sich die Erben hingegen darüber, wie der Nachlass zu teilen ist, kann auch der Erbenvertreter nichts ausrichten.

Und wenn minderjährige Kinder erben?

Wenn sowohl ein Kind unter 18 Jahren als auch sein gesetzlicher Vertreter – zum Beispiel seine Mutter – zu den Erben zählen, stellt die Kindes-
schutzbehörde (KESB) dem Kind einen Beistand zur Seite. Das hat seinen
Grund: Stirbt zum Beispiel der Vater, kann die Mutter das Kind bei der
Erbteilung nicht gültig vertreten, weil ihre eigenen Interessen unter Umständen denjenigen des Kindes widersprechen. Auch wenn keine konkrete
Gefahr einer Übervorteilung des Kindes besteht, wird ein Beistand
ernannt; die abstrakte Gefahr genügt. Zuständig ist die Kindesschutz-
behörde am Wohnsitz des Kindes.

Angst vor Schulden: die Ausschlagung

Die Erbengemeinschaft erbt auch die Schulden des Erblassers. Jeder Erbe,
jede Erbin haftet solidarisch mit dem ganzen Privatvermögen für alle Erbschaftsschulden. Solidarische Haftung heisst: Der Gläubiger kann sich
aussuchen, bei wem er einkassiert. Intern, unter den Erbinnen und Erben,
hat jeder den Anteil zu übernehmen, der seiner Erbquote entspricht

**FRANZ, RICHARD UND HUGO S. SIND DIE NACH-
KOMMEN** des verstorbenen Arthur S. und haben die Erbschaft
angenommen. Der Nachlass ist mit 9000 Franken überschuldet.
Die Gläubiger kassieren die 9000 Franken beim gut verdienenden
Franz. Er müsste nur 3000 Franken übernehmen und kann von
seinen Brüdern je 3000 Franken zurückfordern.

Wenn Sie unsicher sind, ob eine Erbschaft überschuldet ist, haben Sie drei
Möglichkeiten, sich vor dieser Schuldenhaftung zu schützen. Zuständig
ist immer die Behörde am letzten Wohnsitz der verstorbenen Person. Je
nach Kanton ist das ein Richter, der Regierungsstatthalter oder eine Notarin. Fragen Sie auf der Gemeindekanzlei nach der richtigen Adresse.

Option 1: öffentliches Inventar

Jeder Erbe kann die Aufnahme eines öffentlichen Inventars verlangen. Die
Frist dafür ist sehr knapp: Die gesetzlichen Erben müssen innerhalb von
30 Tagen seit Kenntnis des Todesfalls handeln, eingesetzte Erben innert

30 Tagen seit Eröffnung des Testaments. Verlangt ein Erbe die Aufnahme des öffentlichen Inventars, gilt dieses Inventar auch für die übrigen Mitglieder der Erbengemeinschaft.

Und so funktioniert das öffentliche Inventar: Die Behörde erlässt einen Rechnungsruf im Amtsblatt. Darin werden die Schuldner und Gläubiger des Verstorbenen aufgefordert, ihre Schulden und Forderungen anzumelden. Danach erstellt die Behörde ein Inventar über die Aktiven und Passiven. Jeder Erbe muss darauf innerhalb eines Monats erklären, ob er:

- die Erbschaft vorbehaltlos annimmt;
- nur unter öffentlichem Inventar annimmt;
- die amtliche Liquidation verlangt;
- die Erbschaft ausschlägt.

Wenn Sie die Erbschaft unter öffentlichem Inventar annehmen, haften Sie nur für die im Inventar aufgeführten Schulden mit Ihrem Privatvermögen. Sollten später weitere Schulden auftauchen, haften Sie dafür höchstens mit dem, was Sie aus der Erbschaft erhalten haben, nicht aber mit Ihrem Vermögen.

Die Kosten für die Inventaraufnahme werden dem Nachlass belastet. Reicht das Nachlassvermögen nicht, wird derjenige Erbe zur Kasse gebeten, der das öffentliche Inventar verlangt hat (ein Muster für den Antrag auf ein öffentlichen Inventar finden Sie im Anhang: «Gesuch an die Behörden»).

Option 2: amtliche Liquidation

Jeder Erbe, jede Erbin kann die amtliche Liquidation verlangen, wenn kein Miterbe die Erbschaft annimmt. Die Frist beträgt für gesetzliche Erben drei Monate seit Kenntnis des Todesfalls, für eingesetzte Erben drei Monate seit Eröffnung des Testaments. Wurde ein Sicherungsinventar erstellt, läuft die Frist erst, wenn Ihnen die Behörde den Abschluss des Inventars mitgeteilt hat. Haben Sie ein öffentliches Inventar verlangt, können Sie innert 30 Tagen nach dessen Abschluss die amtliche Liquidation verlangen.

Bei der amtlichen Liquidation entfällt jede persönliche Haftung der Erben. Sachen und Gelder, die für die Liquidation nicht benötigt werden, können die Erben vor oder während der Liquidation einfordern. Bleibt ein Überschuss aus der Liquidation übrig, geht dieser ebenfalls an die Erben.

Option 3: Ausschlagung

Jede Erbin kann bei der zuständigen kantonalen Behörde erklären, sie schlage die Erbschaft aus. Damit haftet sie nicht mehr für die Schulden des Erblassers. Wer zuständig ist, hängt von den kantonalen Bestimmungen ab: Im Aargau ist es das Bezirksgericht, in Basel-Stadt das Erbschaftsamt und in Zug der Kantonsgerichtspräsident.

Auch hier gelten Fristen: Für gesetzliche Erben sind es drei Monate seit Kenntnis des Todesfalls, für eingesetzte Erben drei Monate seit Eröffnung des Testaments. Hat die Behörde ein Sicherungsinventar aufgenommen, beginnt die Frist erst ab dessen Zustellung. Auf Antrag eines Erben kann die Behörde die Frist verlängern, wenn wichtige Gründe vorliegen, zum Beispiel Abwesenheit oder längere Krankheit eines Erben, komplexe Vermögensverhältnisse oder Unklarheiten im Inventar (einen Musterbrief für die Ausschlagung der Erbschaft finden Sie im Anhang).

Wenn alle Beteiligten das Erbe ausgeschlagen haben, liquidiert das Konkursamt den Nachlass. Ein allfälliger Überschuss wird an die Erben verteilt.

ACHTUNG *Finger weg von Nachlassgegenständen! Wer sich in die Erbschaft einmischt, kann das Erbe nicht mehr ausschlagen. Und das ist schneller passiert, als Sie denken. Nehmen Sie zum Beispiel beim Räumen der Wohnung die Armbanduhr des Vaters an sich, haben Sie sich bereits eingemischt. Nicht als Einmischung gelten Verwaltungshandlungen, beispielsweise die Begleichung der Todesfallkosten oder ein Auftrag für nicht aufschiebbare Reparaturen, etwa nach einem Rohrbruch in der Nachlassliegenschaft.*

Laut Bundesgericht gilt das Bestellen eines Erbscheins nicht als Einmischung, wenn die Erben damit nur bezwecken, Auskunft über die Vermögensverhältnisse zu erhalten (BGE 133 III 1). Sicherer ist es, beim Amt nur eine Bescheinigung für Auskunft zu bestellen. Ein solches Dokument ist allerdings nicht in allen Kantonen erhältlich.

Organisatorisches

Bevor das Erbe geteilt und die Erbengemeinschaft aufgelöst werden kann, gilt es, den Papierkram zu erledigen. Im Normalfall können Sie und Ihre Miterben das Organisatorische leicht selbst abwickeln. In komplizierten Fällen lohnt es sich aber, Fachleute beizuziehen.

Ein Rat gleich vorweg: Lassen Sie bei der Erbteilung auch mal fünf gerade sein. Erbstreitereien sind äusserst unerfreulich. Und kommt es gar zum Prozess, gibt es nach Abzug aller Gerichts-, Anwalts- und Expertisenkosten für alle Erben oft weniger, als wenn man sich an einen Tisch gesetzt hätte und jeder ein wenig von seiner sturen Haltung abgewichen wäre.

GUT ZU WISSEN *Wenn sich alle Erbinnen und Erben einig sind, können Sie sogar von Teilungsvorschriften im Testament abweichen und beispielsweise einem Erben, der das Geld besonders dringend braucht, mehr zuweisen, als der Erblasser vorgesehen hat.*

Was tun mit dem Testament?

Wer ein Testament auffindet, muss es sofort bei der zuständigen Behörde am letzten Wohnsitz des Erblassers einreichen. Fragen Sie bei der Gemeindekanzlei nach der richtigen Adresse. Die Behörde ermittelt darauf den Kreis der gesetzlichen Erben und der im Testament Bedachten.

Die Erben erhalten eine Einladung zur Testamentseröffnung. Die Teilnahme ist fakultativ. Testamentseröffnung heisst: Vorlesen des Testaments. Mehr passiert nicht. Alle gesetzlichen Erben und die im Testament Bedachten erhalten eine Kopie des Testaments zugestellt. Deshalb kann man sich die Anreise zur Eröffnung sparen.

Mit der Teilung der Erbschaft hat die Eröffnungsbehörde nichts zu tun. Sie prüft auch nicht abschliessend, ob das Testament gültig ist. Sind Sie der Ansicht, das Testament sei ungültig oder verletze Ihren Pflichtteil, müssen Sie selber aktiv werden.

Es ist nicht nötig, sofort das Gericht einzuschalten. Versuchen Sie zuerst, eine gütliche Einigung innerhalb der Erbengemeinschaft zu finden. Zeichnet sich aber ab, dass es so schnell keine Lösung gibt, müssen Sie noch vor Ablauf eines Jahres seit der Testamentseröffnung beim Gericht am letzten Wohnsitz des Erblassers auf Ungültigkeit und/oder Herabsetzung klagen. Wenn Sie die Frist verpassen, gelten die Anordnungen im Testament definitiv.

TIPP *Ob man bei der Behörde auch einen Erbvertrag oder einen kombinierten Ehe- und Erbvertrag zur Eröffnung einzureichen hat, ist im Gesetz nicht geregelt. Die Rechtsgelehrten sind sich nicht einig in der Frage, ob eine Pflicht oder nur ein Recht besteht, diese Dokumente einzureichen. Erkundigen Sie sich deshalb bei der zuständigen Behörde am letzten Wohnsitz des Verstorbenen, welche Praxis sie anwendet. Im Zweifelsfall reichen Sie die Dokumente unaufgefordert ein.*

Einen Erbenvertreter bestimmen

Am einfachsten ist es, wenn eine Erbin sich von den anderen für die Abwicklung der Geschäfte der Erbengemeinschaft bevollmächtigen lässt. Damit gilt sie als Vertreterin der Erben. Für die meisten ihrer Handlungen reicht eine mündlich erteilte Vollmacht.

Im Geschäftsverkehr mit Dritten, etwa mit der Bank, wird man allerdings nicht ohne schriftliche Vollmacht auskommen. Auch für die Belastung oder den Verkauf von Grundeigentum ist eine schriftliche Vollmacht nötig (Muster einer Generalvollmacht im Anhang). Gibt es Schwierigkeiten, kann jeder Erbe für sich die Vollmacht ohne Angabe von Gründen jederzeit widerrufen.

Wenn eine Erbin das Management der Hinterlassenschaft übernimmt, sollte sich die Erbengemeinschaft ausserdem darüber verständigen, ob eine Entschädigung gezahlt wird. Am besten tut sie dies schriftlich. Keine Vereinbarung bedeutet, dass die Vertreterin gratis arbeitet; lediglich die Spesen darf sie der Erbengemeinschaft belasten. Je nach den finanziellen Verhältnissen gilt ein Honorar von 30 bis 100 Franken pro Stunde als angemessen.

Verträge kündigen und Verpflichtungen auflösen

Nach einem Todesfall gilt es, möglichst bald, idealerweise sofort nach der Beerdigung, die laufenden Verpflichtungen aufzulösen und alle Verträge des Verstorbenen zu kündigen (ein Muster für das Kündigungsschreiben finden Sie im Anhang). Grundsätzlich müssen Sie sich an die Kündigungsfristen halten, die in den Verträgen vereinbart wurden. Ist nichts vereinbart, gelten die gesetzlichen Kündigungsfristen. Es gibt aber ein paar Besonderheiten:

- **Mietvertrag:** Auch langfristige Mietverträge können die Erben auf den ortsüblichen Termin kündigen. Bei der Wohnungsmiete beträgt die gesetzliche Kündigungsfrist drei Monate, bei der Geschäftsmiete sechs Monate. Die ortsüblichen Kündigungstermine kann Ihnen die Schlichtungsbehörde in Mietsachen nennen; ihre Adresse erhalten Sie auf der Gemeindekanzlei.
- **Krankenkasse:** Die obligatorische Grundversicherung wie auch die Zusatzversicherungen erlöschen mit dem Tod. Teilen Sie der Krankenkasse den Todesfall schriftlich mit und legen Sie eine Kopie des Todesscheins bei.
- **Arbeitsvertrag:** Mit dem Tod des Arbeitnehmers erlischt sein Arbeitsvertrag. War der Verstorbene verheiratet oder hatte er minderjährige Kinder, muss der Arbeitgeber den Lohn für einen zusätzlichen Monat zahlen, nach fünfjähriger Anstellungsdauer sogar für zwei Monate. Diese Zahlung steht auch der Lebenspartnerin zu, wenn der Verstorbene sie unterstützt hat und keine Ehefrau oder minderjährige Kinder hinterlässt.
- **Versicherungsverträge:** Bei Sachversicherungen, zum Beispiel bei Schmuck- oder Hausratversicherungen, gehen die Rechte und Pflichten auf den neuen Eigentümer über, also auf die Erbengemeinschaft. Diese kann den Vertrag durch eine schriftliche Erklärung bis spätestens 30 Tage nach dem Todesfall ablehnen. Personenversicherungen wie eine Lebensversicherung oder der Vertrag bei der Krankenkasse erlöschen mit dem Tod.

Was geschieht mit Internetkonten?

Was soll mit dem digitalen Erbe des Verstorbenen auf Facebook, Myspace, Twitter & Co. passieren? Hat die verstorbene Person keine entsprechenden Vorkehrungen getroffen, entscheiden die Erben, ob die Profile im Netz zugänglich bleiben oder zu löschen sind. Ohne Kenntnis der Passwörter ist das aber schwierig bis unmöglich.

Bei Facebook können die Angehörige des Verstorbenen immerhin ein Formular ausfüllen und verlangen, dass dessen Profil in einen inaktiven Memorialstatus versetzt wird – dann können nur die bisherigen Facebook-Freunde das Profil des Verstorbenen sehen und Beiträge zum Gedenken hinterlassen (www.facebook.com/help → Verwalte dein Konto → Deaktivierung, Löschung, Konto in Gedenkzustand).

Die Wohnung räumen

Wenn Sie die Wohnung des Verstorbenen nicht selber räumen möchten, wenden Sie sich am besten an ein Brockenhaus in der näheren Umgebung. Sie können auch eine spezialisierte Umzugsfirma mit der Räumung beauftragen. Kostengünstige Pack- und Umzugshilfe erhalten Sie beispielsweise bei Pro Senectute.

Gibt es wertvolle Einrichtungsgegenstände zu verkaufen, lohnt es sich allenfalls, ein Auktionshaus mit der Schätzung und Verwertung zu beauftragen. Adressen finden Sie im Telefonbuch unter «Auktionen» oder «Schätzungen». Erkundigen Sie sich schon im Voraus genau über die Konditionen und lassen Sie sich die Abmachungen schriftlich bestätigen.

Andere Stücke lassen sich auf dem Flohmarkt oder über Auktionsplattformen wie Ebay oder Ricardo verkaufen. Wenn Sie Gegenstände zum Entsorgen haben, fragen Sie bei der Gemeindeverwaltung nach den Dienstleistungen. Die Stadt Zürich zum Beispiel holt Material zu günstigen Tarifen ab.

Pass für die Erben: der Erbschein

Einen Erbschein – auch Erbbescheinigung genannt – benötigen Sie dann, wenn Sie sich als Erbe ausweisen müssen, zum Beispiel beim Grundbuchamt oder bei der Bank. Darauf sind alle vorläufig bekannten Erbinnen und Erben namentlich aufgeführt.

Sind Sie im Besitze eines Erbscheins und einer Vollmacht aller darauf aufgeführten Personen, muss Ihnen die Bank Zugang zu den Vermögenswerten des Verstorbenen gewähren.

Sowohl die gesetzlichen als auch die eingesetzten Erben können einen Erbschein bestellen. Dieser wird aber frühestens einen Monat nach der Testamentseröffnung ausgestellt, sofern die Erbengemeinschaft dann schon definitiv feststeht. Laufen noch Ausschlagungsfristen, müssen die Erben diese einhalten oder aber das Erbe vorzeitig annehmen. Zuständig ist die Behörde am letzten Wohnsitz des Erblassers, im Kanton Aargau zum Beispiel das Bezirksgericht, in Glarus das Erbschaftsamt bei der Erwachsenenschutzbehörde. Zur Ausstellung des Erbscheins braucht es folgende Dokumente:

- Todesschein, erhältlich beim Zivilstandsamt am Sterbeort
- Familienschein des Erblassers und des Erben, erhältlich beim jeweiligen Heimatort, sofern die Behörde diese Belege nicht selber beschafft

Auch testamentarisch eingesetzte Erben haben die Möglichkeit, einen Erbschein zu beantragen. Das kann für die anderen Erben gefährlich sein, wie das folgende Beispiel zeigt:

KARL P. SETZT SEINE LEBENSPARTNERIN Ida W. im Testament als Alleinerbin ein. Damit verletzt er den Pflichtteil seiner Nochehefrau Sonja. Ida W. erhält einen Erbschein; darauf ist sie als vorläufig alleinige Erbin gemäss Testament aufgeführt. Somit kann sie das Bankkonto des Verstorbenen auflösen und sein Haus verkaufen. Sie braucht dafür keine Vollmacht der gesetzlichen Erbin Sonja P.

Die Nochehefrau kann zwar das Testament wegen der Pflichtteilsverletzung innert Jahresfrist anfechten, und die Lebenspartnerin muss ihr daraufhin auch ihren Anteil am Bankkonto und am Erlös aus dem Hausverkauf auszahlen, aber das Haus kann Sonja P. nicht mehr einfordern. Um ihre Rechte vollständig zu wahren, sollte Frau P. unmittelbar nach dem Tod ihres Mannes eine vorsorgliche Einsprache gegen die Ausstellung eines Erbscheins erheben.

Dieser Rat gilt generell bei Testamenten, die den Pflichtteil verletzen, zum Beispiel auch dann, wenn ein Vater die zweite Ehefrau im Testament als Alleinerbin aufführt und sich so über den Pflichtteil seiner Kinder aus erster Ehe hinwegsetzt. Innert 30 Tagen seit der Testamentseröffnung kann jeder Erbe bei der Eröffnungsbehörde schriftlich gegen die Ausstellung des Erbscheins Einsprache erheben.

Die Teilung der Erbschaft

Solange die Erben nicht geteilt haben, bleibt die Erbengemeinschaft bestehen. Erst mit der Teilung wird sie aufgelöst, und die Erben erhalten Alleineigentum an den ihnen zugewiesenen Nachlassgegenständen.

Die Erben müssen nicht teilen, wenn sie nicht wollen. Die Teilung kann auch noch Jahre nach dem Todesfall erfolgen; der Teilungsanspruch verjährt nicht. Je länger Sie aber mit der Teilung zuwarten, desto schwieriger wird es, die Vermögensverhältnisse per Todestag zu rekonstruieren.

Sie und Ihre Miterben können, wenn alle einverstanden sind, auch nur partiell teilen. Sie können einzelne Erben auszahlen oder bloss einen Teil des Nachlasses aufteilen. Sobald aber auch nur ein einziger Erbe auf der Teilung besteht, muss sie durchgeführt werden.

Ermittlung des Vermögens und Bewertung des Nachlasses

In vielen Fällen leistet das Steuerinventar gute Dienste. Darin sind die Vermögenswerte und die Schulden des Erblassers aufgelistet. Zum vorhandenen Vermögen müssen auch die Erbvorbezüge hinzugezählt werden (siehe Seite 21). Nicht immer sind die güterrechtlichen Ansprüche des hinterbliebenen Ehegatten vermerkt. Für die Ermittlung des Teilungsvermögens sind sie aber sehr wichtig, denn unter den zu teilenden Nachlass fällt nicht das ganze eheliche Vermögen. Was der hinterbliebene Ehepartner vorweg aus der güterrechtlichen Teilung erhält, hängt vom Güterstand der Eheleute und von der Zusammensetzung der Gütermassen ab (siehe Seite 27).

DAS VERMÖGEN DES VERSTORBENEN MARKUS J. besteht aus einer geerbten Liegenschaft im Wert von 800 000 Franken (= Eigengut) und einem Bankkonto mit 100 000 Franken. Dieses Geld hat er während seiner Ehe mit Paula aus Einkommen gespart (= Errungenschaft). Paula hat während der Ehe 50 000 Franken von ihrem Einkommen gespart (= Errungenschaft). Wie viel von diesem Vermögen gehört in den Nachlass von Markus J., und wie viel davon erhält seine Tochter Nina?

Schritt 1: güterrechtliche Teilung

Zuerst wird ausgesondert, was vom ehelichen Vermögen in den Nachlass gehört und was die hinterbliebene Ehefrau vorab erhält. Das Ehepaar J. hat keinen Ehevertrag abgeschlossen. Deshalb gilt der Güterstand der Errungenschaftsbeteiligung. Der Nachlass von Markus J. umfasst:

- sein Eigengut, also die geerbte Liegenschaft   Fr. 800 000.–
- ½ der gemeinsamen Errungenschaft von
  total Fr. 150 000.–   Fr.   75 000.–

Total Nachlass   Fr. 875 000.–

Paula J. erhält aus der güterrechtlichen Teilung damit vorab die Hälfte der ehelichen Errungenschaft, also 75 000 Franken.

Schritt 2: erbrechtliche Teilung

Wie der Nachlass geteilt wird, hängt davon ab, welche Erben vorhanden sind. Bei den J.s erben die Tochter Nina und die hinterbliebene Ehefrau. Und weil Markus J. nichts anderes angeordnet hat, erben sie je die Hälfte, das heisst je 437 500 Franken.

Damit erhält Paula J. vom ehelichen Vermögen total 512 500 Franken (437 500 aus Erbrecht plus 75 000 aus Güterrecht).

Die Bewertung des Nachlasses

Für die Bewertung des Nachlasses ist der Verkehrswert zum Zeitpunkt der Teilung massgebend. Die Bewertungen im Steuerinventar sind für die Erbteilung nicht verbindlich, da sie in der Regel tiefer angesetzt sind als der effektive Verkehrswert. Sind sich alle Erben einig, können sie vom Verkehrswert abweichen und einzelne Nachlassobjekte nach Gutdünken bewerten. Vielleicht hat ja für Sie ein Fotoalbum mehr Wert als eine teure Perlenkette.

Die Höhe des Verkehrswerts ist vor allem bei Liegenschaften häufig ein strittiger Punkt. Denn der Verkehrswert ist keine absolute Grösse: Er basiert auf der Einschätzung der Marktlage. Schätzungen für Liegenschaften können Sie bei Banken und bei Schätzungsexperten in Auftrag geben (Adressen im Anhang).

Erbquoten und Zuteilung in natura

Die Erbquote (siehe Seite 20) besagt nur, auf welchen Bruchteil des Nachlasses der einzelne Erbe einen Anspruch hat. Auch nach der güterrechtlichen Teilung ist erst geklärt, wie hoch der güter- und erbrechtliche Anteil der Ehefrau, des Ehemanns in Franken ist; wer welche konkreten Vermögensgegenstände aus dem Nachlass erhält, müssen Sie mit den anderen Erbinnen und Erben regeln.

Unabhängig von der Grösse seiner Erbquote hat jeder Erbe Anspruch auf Zuteilung der Erbstücke in natura – mit einer Ausnahme: In Bezug auf die eheliche Liegenschaft und den Hausrat hat der hinterbliebene Ehepartner ein Vorzugsrecht. Ansonsten müssen die Erben sich darüber einig werden, wer welche Objekte aus dem Nachlass unter Anrechnung an seine Quote erhalten soll. Ist ein Objekt zu gross für eine Quote, kann die übernehmende Erbin die anderen Erben auszahlen.

Die Erbengemeinschaft kann die Nachlassobjekte auch verkaufen und sich den Erlös gemäss den Quoten teilen. Hat der Verstorbene in einem Testament Teilungsregeln verfügt, sind diese verbindlich. Nur wenn alle Erben eine andere Teilung bevorzugen, können sie sich über das Testament hinwegsetzeen

DIE ERBSCHAFTSSTEUERN

Ausser Schwyz kennen alle Kantone eine Erbschaftssteuer. Massgebend ist das Erbschaftssteuergesetz im letzten Wohnkanton des Verstorbenen. Befindet sich im Nachlass auch eine Liegenschaft in einem anderen als dem Wohnsitzkanton, gilt dafür das Erbschaftssteuergesetz dieses Kantons.

Die Steuer ist abhängig vom Verwandtschaftsgrad und von der Höhe der Erbschaft. Alle Kantone haben die Erbschaftsteuer für die hinterbliebene Ehefrau, den hinterbliebenen Ehemann abgeschafft; die Nachkommen, also Kinder und Enkel, werden nur noch in wenigen Kantonen besteuert. Wie hoch die Erbschaftssteuer für Sie ausfällt, können Sie im Internet berechnen unter www.axa-winterthur.ch (→ Kontakt & Service → Ratgeber, weitere Services). ■

Mit der Realteilung – Realteilung heisst: Die Erben teilen Stück für Stück des Nachlasses untereinander auf – oder mit der Unterzeichnung eines Erbteilungsvertrags ist die Teilung abgeschlossen und die Erbengemeinschaft aufgelöst.

DIE ERBEN SIND SICH EINIG: Aline F. nimmt die Schmuckstücke mit, ihr Bruder Toni holt den ganzen Hausrat ab, Schwester Silvia fährt mit Mutters Auto, und mit dem Geld auf ihrem Bankkonto begleichen die drei Geschwister die noch offenen Rechnungen. Damit ist der ganze Nachlass unter den Erben aufgeteilt und die Teilung abgeschlossen.

Haben die Erben einen Teilungsvertrag abgeschlossen, kann jeder Erbe mit diesem Schriftstück und dem Erbschein die ihm zugewiesenen Teile bei Dritten, zum Beispiel bei den Banken, abholen. Bei Liegenschaften kann man mit diesen beiden Dokumenten die Grundbuchänderung erwirken. Den Teilungsvertrag müssen alle Erben unterzeichnen. Eine öffentliche Beurkundung ist nicht nötig.

Alles dem hinterbliebenen Elternteil überlassen?

Wenn ein Elternteil gestorben ist, wollen die Kinder dem Vater oder mit der Mutter häufig das ganze Erbe überlassen. Via Ausschlagung der Erbschaft klappt das aber nur, wenn alle Söhne und Töchter und auch alle ihre Nachkommen das Erbe ausschlagen. Stattdessen kann jedes Kind seinen Anteil an den Vater oder die Mutter abtreten, oder alle Kinder vereinbaren mit dem hinterbliebenen Elternteil in einem schriftlichen Teilungsvertrag, dass das ganze Vermögen auf ihn übergeht. Anders als bei der Ausschlagung werden die Kinder dabei die Haftung für noch offene Rechnungen des Nachlasses nicht los. Deshalb sollte im Teilungsvertrag festgehalten werden, wer für solche Rechnungen aufkommen muss. Steuern löst der Verzicht auf den eigenen Erbteil zugunsten eines Elternteils nur aus, wenn der betreffende Kanton eine Schenkungssteuer verlangt (Querschenkung).

Meist geht es aber weniger formell zu und her. In vielen Familien wird über eine Erbteilung gar nicht gesprochen. Man lässt einfach den Vater oder die Mutter einstweilen über das ganze Vermögen verfügen. Manche Söhne oder Töchter wagen nicht, ihren Erbteil zu fordern. Für andere ist es selbstverständlich, noch nichts zu erhalten.

Wenn Sie nichts unternehmen, bleiben Sie und die anderen Erbinnen und Erben rechtlich gesehen eine Erbengemeinschaft. Das heisst, dass jeder Erbe auch noch Jahre später die Erbteilung verlangen kann. Meist wird das ein Thema, wenn ein Nachkomme plötzlich Geld braucht oder wenn der Eintritt des Elternteils ins Alters- oder Pflegeheim ansteht.

TIPP *Eine Erbengemeinschaft tut gut daran, die Anteile der Kinder wenigstens schriftlich festzuhalten. Das Geld muss ja noch nicht ausgezahlt werden. In ihrer Steuererklärung müssen die Söhne und Töchter deklarieren, dass sie an einer unverteilten Erbschaft beteiligt sind, dass diese aber vorläufig vom Vater oder von der Mutter genutzt wird.*

Das Vermögen und die Heimkosten

Wenn die Kinder dem Vater das gesamte Vermögen überlassen, gehört es ihm allein. Muss er später in ein teures Pflegeheim ziehen, wird alles für die Finanzierung des Aufenthalts verwendet. Möglicherweise bedauert die Familie dann, dass der Erbteil der Kinder für die Heimkosten «draufgeht».

Ist das so nicht gewünscht, teilen Sie den Nachlass besser untereinander auf. Im Erbteilungsvertrag können Sie die Erbteile bestimmen und festlegen, dass die Mutter oder der Vater an den Anteilen der Kinder vorerst die Nutzniessung behält, und zwar bis zu einem bestimmen Zeitpunkt, zum Beispiel bis zum Eintritt in ein Alters- oder Pflegeheim (ein Muster finden Sie im Anhang).

Wenn Erben streiten

Erbstreitereien können sich langwierig und kostenintensiv gestalten. Und manchmal scheitert eine Verständigung an mangelnden Kenntnissen in Erbrecht. Tatsächlich ist das Erbrecht eine komplexe Angelegenheit. Je komplizierter die Vermögens- und Familienverhältnisse sind, desto eher sollte man sich beraten lassen. Hier helfen Fachleute wie Anwälte oder Notare weiter.

HANS R. MÖCHTE DAS ELTERNHAUS für eine halbe Million Franken übernehmen und die Geschwister auszahlen. Die Schwestern Maria und Gerda sind einverstanden, Bruder Hermann ist dagegen. Er ist überzeugt, dass das Haus 600 000 Franken wert ist. Der Konflikt droht zu eskalieren. Was ist zu tun?

Die Geschwister sollten versuchen, einen Kompromiss zu finden. Wurde das Haus bisher auf 500 000 Franken geschätzt, könnten sie zum Beispiel eine zweite Schätzung in Auftrag geben und im Voraus vereinbaren, dass der Mittelwert gilt.

TIPP Nicht selten stehen unverdaute Familiengeschichten und mangelnde Kommunikation einer Lösung im Weg. Ist dies bei Ihnen der Fall, können von allen Beteiligten akzeptierte Spezialisten wie Mediatoren das Gespräch wieder in Gang bringen und neue Lösungsmöglichkeiten aufzeigen. Kontaktadressen finden Sie im Anhang.

Die Teilungsklage

Wenn partout keine Einigung möglich ist, kann jeder Erbe beim Gericht am letzten Wohnsitz des Erblassers auf Teilung klagen. Jedes Mitglied der Erbengemeinschaft ist im Teilungsprozess Partei, sei es auf der Seite des Klägers oder auf der des Beklagten. Wollen Sie sich aus der Streitsache heraushalten, können Sie eine Erklärung abgeben, dass Sie sich von vornherein dem Urteil unterwerfen. Dann sollten für Sie keine Kosten anfallen. Für die anderen Erben kann der Streit allerdings teuer werden: Wer den Prozess verliert, zahlt die Gerichtskosten, die eigenen Anwaltskosten sowie eine Parteientschädigung an die Gegenseite.

Renten und andere Zahlungen an Hinterbliebene

Ein Todesfall kann ein grosses Loch in die Finanzen einer Familie reissen. Die Hinterlassenenleistungen der drei Säulen der schweizerischen Altersvorsorge helfen, dieses Loch zu stopfen.

Unabhängig von der Höhe des Nachlasses und der Erbberechtigung erhalten einzelne Hinterbliebene Zahlungen aus der AHV und der Pensionskasse. Dies gilt auch dann, wenn sie das Erbe ausgeschlagen haben. War der Verstorbene bei der Säule 3a abgesichert oder hat er eine Todesfallversicherung abgeschlossen, fliessen auch diese Leistungen direkt an die Begünstigten. Bei Zahlungen aus der Säule 3a und bei gemischten Lebensversicherungen mit Rückkaufswert können die Pflichtteilserben allerdings einen Anteil fordern, wenn ihr Pflichtteil verletzt ist.

Die Leistungen der AHV

Anspruch auf eine **Witwen- oder Witwerrente** der AHV haben die Ehefrau, der Ehemann, eingetragene Partnerinnen und Partner und unter Umständen auch Exehegatten. Die Bedingungen für den Bezug einer Rente sind unterschiedlich:

- Die **Witwe** erhält eine Rente, wenn sie
  - mindestens ein Kind hat oder
  - über 45 Jahre alt ist und mindestens fünf Jahre verheiratet war.
- Der **Witwer** erhält eine Rente, wenn er Kinder unter 18 Jahren hat.
- Für **eingetragene Partnerinnen und Partner** gelten dieselben Bedingungen wie für Witwer.
- Die **geschiedene Ehefrau** erhält eine Rente, wenn
  - sie eines oder mehrere Kinder hat und die Ehe mindestens zehn Jahre dauerte oder
  - sie zum Zeitpunkt der Scheidung bereits 45 Jahre alt war und die Ehe mindestens zehn Jahre dauerte oder

– das jüngste Kind erst nach dem 45. Geburtstag der Mutter 18 Jahre alt wird. Erfüllt eine geschiedene Frau keine dieser Bedingungen, erhält sie eine Witwenrente, solange sie Kinder unter 18 Jahren hat.

■ Der **geschiedene Ehemann** erhält eine Rente, wenn er Kinder unter 18 Jahren hat.

Die minimale Witwen- oder Witwerrente beträgt 936 Franken, die maximale Rente 1872 Franken pro Monat (Stand 2014).

Die Kinder des Verstorbenen haben Anspruch auf eine Waisenrente, bis sie 18 sind oder, wenn sie dann noch in Ausbildung sind, bis spätestens zum 25. Geburtstag. Die Halbwaisenrente beträgt maximal 936 Franken, die Vollwaisenrente 1404 Franken.

 INFO *Konkubinatspartner kommen bei der AHV nicht vor. Sie haben keinen Anspruch auf Hinterlassenenleistungen.*

Ihren Anspruch müssen Sie bei der Ausgleichskasse anmelden, bei der die verstorbene Person zuletzt Beiträge abgerechnet hat. Anmeldeformulare und Hilfe erhalten Sie bei jeder Ausgleichskasse (Adressen auf den letzten Seiten des Telefonbuchs oder unter www.ahv-iv.info).

Die Leistungen der Pensionskasse

Das Bundesgesetz über die berufliche Vorsorge (BVG) schreibt vor, wie viel die Pensionskassen als Minimalbeitrag leisten müssen. Daneben kennen viele Pensionskassen sogenannte überobligatorische Leistungen. Was bei der Pensionskasse der verstorbenen Person gilt, entnehmen Sie dem Reglement.

■ **Ehefrau, Ehemann und Kinder:** In der 2. Säule sind Witwen und Witwer gleichgestellt. Sie erhalten eine Hinterlassenenrente, wenn sie zum Zeitpunkt des Todesfalls für den Unterhalt eines Kindes aufkommen oder wenn sie mindestens 45 Jahre alt sind und fünf Jahre verheiratet waren. Sind diese Voraussetzungen nicht erfüllt, wird eine Abfindung in der Höhe von drei Jahresrenten ausgezahlt. Anspruch auf eine Waisenrente haben Kinder unter 18 Jahren; sind sie in Ausbildung, dauert der Anspruch bis zum 25. Geburtstag.

■ **Geschiedene:** Auch die Exehefrau oder der Exmann hat unter Umständen Anspruch auf Leistungen aus der Pensionskasse. Sie müssen wie Ehegatten Kinder haben oder bei der Scheidung mindestens 45 Jahre alt gewesen sein. Verlangt wird zusätzlich, dass die geschiedene Ehe mindestens zehn Jahre gedauert hat und dass zum Zeitpunkt des Todes immer noch Scheidungsalimente gezahlt werden. Gerade diese letzte Bedingung ist oft nicht erfüllt, denn heute werden Scheidungsalimente häufig nur für eine gewisse Zeit zugesprochen.

Kommt hinzu, dass die Pensionskassen ihre Leistungen kürzen dürfen, wenn die hinterbliebene Exehefrau sonst mehr erhielte als den Betrag der Alimente. Ihre eigene AHV-Altersrente dürfen die Kassen allerdings nicht in die Berechnung einbeziehen.

■ **Konkubinatspartner:** Die Lebensgefährtin erhält aus der Pensionskasse ihres verstorbenen Konkubinatspartners nur dann eine Rente oder eine Kapitalauszahlung, wenn das Pensionskassenreglement dies vorsieht. Das Gesetz verpflichtet die Pensionskassen zu keinerlei Leistungen.

Allenfalls ein Todesfallkapital

Sie können Ihre Ansprüche direkt bei der Pensionskasse anmelden. In der Regel ist der Arbeitgeber des Verstorbenen Ihnen dabei behilflich. Sind keine Witwen- oder Waisenrenten zu zahlen, fällt das angesparte Altersguthaben an die Pensionskasse – ausser das Reglement sieht eine Auszahlung an Hinterbliebene vor, etwa an die Ehefrau oder auch an eine Lebenspartnerin. Fragen Sie auf jeden Fall bei der Pensionskasse nach und lassen Sie sich das Reglement aushändigen.

Freizügigkeitskonto und Freizügigkeitspolice

War der Verstorbene nicht mehr bei einer Pensionskasse versichert und noch nicht im Rentenalter, hat er seine Pensionskassenguthaben unter Umständen auf einem Freizügigkeitskonto oder einer Freizügigkeitspolice deponiert. Für die Auszahlung dieser Vorsorgeguthaben sieht das Gesetz folgende Reihenfolge vor, wobei die jeweils nachfolgende Gruppe nur zum Zug kommt, wenn keine Hinterlassenen aus der vorgängigen Gruppe vorhanden sind:

1. Witwe, Witwer und Kinder unter 18 Jahren respektive – falls sie in Ausbildung sind – bis zum 25. Geburtstag

2. Personen, für deren Unterhalt der Verstorbene zu mindestens 50 Prozent aufgekommen ist, sowie Lebenspartner, die mit dem Verstorbenen bis zu dessen Tod mindestens fünf Jahre zusammengelebt haben oder für den Unterhalt eines gemeinsamen Kindes aufkommen müssen
3. Volljährige Kinder, Eltern oder Geschwister
4. Übrige gesetzliche Erben mit Ausnahme des Staates

ACHTUNG *Es ist möglich, dass die verstorbene Person den Lebenspartner – der zur zweiten Gruppe gehört – den Begünstigten der ersten Gruppe gleichgestellt oder ihm sogar das ganze Guthaben vermacht hat. Dies ist gesetzlich erlaubt. Auch die Pflichtteilserben können eine solche Verfügung nicht anfechten, weil Vorsorgegelder aus der 2. Säule nicht in den Nachlass fallen.*

Die Leistungen aus der 3. Säule

Viele Erwerbstätige sparen steuerbegünstigt in der Säule 3a, um die Altersvorsorge aufzubessern. Stirbt jemand, bevor er das 3a-Guthaben beziehen konnte, wird es an die Begünstigten ausgezahlt. Es gibt zwei Varianten: Beim 3a-Bankkonto erhalten die Hinterbliebenen das vorhandene Kapital, bei der 3a-Versicherungpolice entweder ein Kapital oder eine Hinterlassenenrente.

Stirbt der Versicherte, wird das Guthaben in der folgenden Reihenfolge ausgezahlt, wobei die jeweils nachfolgende Gruppe nur zum Zug kommt, wenn keine Hinterlassenen aus der vorgängigen Gruppe vorhanden sind:
1. an die hinterbliebene Ehefrau, den hinterbliebenen Ehemann
2. an die direkten Nachkommen und an Personen, für deren Unterhalt der Verstorbene zu mindestens 50 Prozent aufgekommen ist, sowie an Lebenspartner, die mit dem Verstorbenen bis zu dessen Tod mindestens fünf Jahre zusammengelebt haben oder für den Unterhalt eines gemeinsamen Kindes aufkommen müssen
3. an die Eltern
4. an die Geschwister
5. an die übrigen Erben

Sind mehrere Begünstigte der zweiten Gruppe vorhanden, hat der Verstorbene eventuell einen Verteilschlüssel festgelegt oder zum Beispiel der langjährigen Lebenspartnerin das ganze Guthaben vermacht; dann gelten diese Anordnungen.

Hinterlässt eine unverheiratete Person keine Nachkommen, kann sie ihrem Lebenspartner das gesamte Guthaben auf jeden Fall vermachen, also auch dann, wenn dieser die in Ziffer 2 genannten Kriterien nicht erfüllt. Dafür muss die Verstorbene den Lebenspartner in einem Testament als Erben eingesetzt und zusätzlich der Vorsorgeeinrichtung eine entsprechende Begünstigungserklärung abgegeben haben.

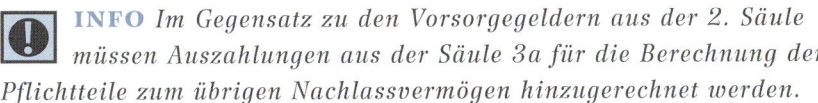 **INFO** *Im Gegensatz zu den Vorsorgegeldern aus der 2. Säule müssen Auszahlungen aus der Säule 3a für die Berechnung der Pflichtteile zum übrigen Nachlassvermögen hinzugerechnet werden.*

Die Säule 3b

Zur Säule 3b zählen alle übrigen Ersparnisse wie Bankkonten, Wertschriften oder eine Todesfallversicherung. Prüfen Sie, ob 3b-Versicherungspolicen vorhanden sind, und informieren Sie den Versicherer über den Todesfall und die anspruchsberechtigten Personen. Kommt eine Lebensversicherung zur Auszahlung, geht die Versicherungssumme an die laut Police begünstigte Person. Der Nachlass ist an dieser Summe nicht beteiligt. Handelt es sich allerdings um eine gemischte Lebensversicherung mit einem Sparanteil, ist der Rückkaufswert für die Berechnung der Pflichtteile zu berücksichtigen. Wie hoch der Rückkaufswert ist, erfahren Sie beim Versicherer.

8

Zeit für die Trauer

Nach dem Verlust eines nahestehenden Menschen traurig zu sein,
ist völlig normal. Das Spektrum der Gefühle reicht von der
emotionalen Leere bis zur tiefen Verzweiflung. In diesem Kapitel
finden Sie Anregungen, wie Sie mit Ihrer Trauer umgehen können,
und Hinweise, wo Sie Unterstützung erhalten.

Trauer und Neubeginn

Die ersten Monate nach dem Tod einer vertrauten Person sind immer auch eine Zeit des Trauerns – vor allem, wenn man lange für einen Menschen gesorgt hat. Fallen dann alle Aufgaben und Pflichten weg, lenkt nichts mehr vom Schmerz über den Verlust ab.

Manchmal reisst der Tod einen geliebten Menschen ohne Vorwarnung aus dem Leben – dann stürzt eine ganze Welt zusammen. Der Verlustschmerz kann brutal sein. Das Gefühlschaos ist eine normale menschliche Reaktion und keine Krankheit. Niemand muss sich seiner Gefühle schämen.

Die Trauerphasen

Bei der Bewältigung Ihres Schmerzes und Ihrer Trauer kann es helfen, wenn Sie über den üblichen Ablauf der «Trauerarbeit» Bescheid wissen. Die Trauerpsychologie unterscheidet vier Phasen:

Phase 1: Schock
Diese Phase dauert einige Stunden bis mehrere Tage. Man fühlt sich wie gelähmt, empfindet keine bestimmten Gefühle. Manche können gar nicht glauben oder wollen nicht wahrhaben, was passiert ist.

Phase 2: Kontrolle
Gefühle sind noch immer nicht da, und wenn doch, dann spürt man sie sehr dumpf. Der trauernde Mensch «funktioniert» nur noch und erledigt die anstehenden Aufgaben mechanisch. Nach aussen wirkt er gefasst und ruhig. Viele Trauernde durchleben diese Phase in den Tagen bis zur Beisetzung und erledigen während dieser Zeit alle anstehenden Arbeiten kompetent und zügig.

Phase 3: Verarbeitung
In dieser Phase wird der Verlust erst richtig spürbar. Gefühle wie Angst, Schmerz, Wut, Hilflosigkeit kommen auf. Wichtige Ereignisse wie den

Geburtstag, den Hochzeitstag oder Weihnachten muss man zum ersten Mal ohne die verstorbene Person erleben.

Früher beging man dieses Trauerjahr sehr bewusst und auch nach aussen sichtbar: mit einem schwarzen Trauerknopf an der Jacke oder generell in schwarzer Kleidung. Die Verarbeitungsphase kann kürzer als ein Jahr sein oder auch mehrere Jahre dauern. In dieser Zeit geht es darum, den erlittenen Verlust Schritt für Schritt zu verarbeiten.

Phase 4: Annehmen und Neuorientierung

Nach und nach ist die Trauerarbeit getan; der Trauerprozess lässt sich abschliessen. Die trauernde Person kann sich wieder der Umwelt zuwenden und sich für Neues öffnen: wieder unter die Leute gehen, mit Freunden ausgehen, sich vermehrt den Hobbys widmen; Abendkurse belegen oder eine Weiterbildung in Angriff nehmen. Schritt für Schritt überwindet man die Trauer, findet erneut Freude in der Begegnung mit anderen und unbekannten Menschen und kann sich auf Freundschaften einlassen.

Mit der Trauer umgehen

Fachpersonen raten, der Trauer genügend Raum zu geben und Gefühle wie Schmerz, Angst, Ohnmacht oder Wut zu akzeptieren. Trauer ist keine Krankheit, sie kann sich aber zu einem krankhaften Zustand entwickeln, wenn man ihr keinen Raum lässt.

Natürlich ist keiner gern wütend, verzweifelt, traurig. Am liebsten möchte man diese negativen Gefühle so rasch wie möglich hinter sich bringen. Manche machen die Rechnung aber ohne ihr Unterbewusstsein: Unterdrückte Emotionen kommen bei den meisten Menschen früher oder später wieder hoch. Wenn die Trauerbewältigung nicht gelingt, kann das sogar zu Depressionen und/oder zu psychosomatischen Krankheiten führen.

Der Verlust eines geliebten Menschen reisst eine tiefe Wunde in den Gefühlshaushalt. Wie bei körperlichen Wunden verläuft die Wundheilung nach eigenen Regeln und braucht vor allem eines: Achtsamkeit und Zeit.

Tränen gehören dazu

Eines können Frauen besser als Männer: weinen. Darum ein spezieller Appell an die Männer: Weinen Sie!

Sie sind kein Weichei, wenn Sie das tun. Weinen ist eine körperliche Reaktion auf den emotionalen Stress. Tränen zu unterdrücken, produziert nur noch mehr Stress. Es ist sogar wissenschaftlich erwiesen, dass man beim Weinen beruhigende Hormone ausschüttet – einen körpereigenen Tranquilizer sozusagen.

Apropos: Nimmt die Verzweiflung überhand, ist es völlig in Ordnung, wenn Sie sich vom Arzt ein Beruhigungsmittel verschreiben lassen. Diese Art der Stressbewältigungshilfe ist aber nur eine Krücke und nur während einer kurzen Zeit sinnvoll.

Den eigenen Weg finden

Die Trauerbewältigung ist letztlich etwas sehr Individuelles. Dem einen tut viel körperliche Bewegung gut; er muss jeden zweiten Tag seinen Kilometer schwimmen. Ein anderer braucht viel Ruhe, zündet eine Kerze an und hängt seinen Gedanken nach. Ein Dritter beschäftigt sich intensiv mit der verstorbenen Person, schaut Fotoalben an und erinnert sich auf diese Weise an gemeinsame Zeiten.

Auch die Rückkehr an vertraute Orte kann helfen, den Schmerz zu verarbeiten. So fuhr zum Beispiel Mabel, die Witwe des infolge eines Lawinenunglücks verstorbenen niederländischen Prinzen Friso, zwei Jahre nach dem tragischen Unfall wieder in den Winterurlaub; gemeinsam mit der königlichen Familie kehrte sie an den Ort zurück, wo der Prinz verunglückt war, wo die Familie aber auch jahrelang fröhliche Ferien verbracht hatte.

Hilfe und Unterstützung

Die Trauer um einen verstorbenen Menschen zu bewältigen, heisst auch, Unterstützung annehmen zu können, sei es von Menschen aus dem persönlichen Umfeld, sei es von professionellen Helfern. Eine grosse Stütze ist das soziale Netz: Familienmitglieder, Freundinnen und Kollegen. Suchen Sie Menschen auf, die eine ähnliche Erfahrung gemacht haben, und sprechen Sie über Ihre Gefühle, Ihren Schmerz und Ihre Ängste. So kommen Sie anderen Menschen wieder näher. Gemeinsamer Schmerz verbindet, und der zwischenmenschliche Austausch zeigt Ihnen, dass Sie nicht allein sind mit Ihren Empfindungen.

WIE TRÖSTEN?

Das soziale Netz ist für Trauernde eine wichtige Stütze. Wie aber sieht es auf der anderen Seite aus? Wie sollen Sie als Mitglied dieses Netzes bei einer Krisensituation agieren? Wie spendet man Trost?

Hier gibt es keine starren Regeln. Und natürlich kommt es auf die Art der Beziehung an. Wenn Ihr Chef seine Mutter verloren hat, werden Sie ihn wahrscheinlich nicht tröstend in die Arme nehmen. Je nach Situation und Nähe zum Betroffenen können Sie zum Beispiel Folgendes tun:

Im Büro
- Einen Blumenstrauss auf das Pult des Arbeitskollegen stellen
- Eine Kondolenzkarte schreiben
- Fragen: Wie geht es dir? Kann ich dir eine Arbeit abnehmen?

Im Freundeskreis
- Einen Blumenstrauss schicken oder vorbeibringen
- Die Kinder hüten
- Einkaufen und Essen kochen
- Einen Spaziergang vorschlagen
- Da sein und zuhören

In der Familie
- Über Nacht bleiben
- Sich um den Haushalt kümmern
- Die Organisation der Beerdigung übernehmen
- Beim Aussortieren der Kleider und persönlichen Sachen des Verstorbenen helfen
- An schwierigen Daten (Geburtstag, Todestag, Hochzeitstag) anrufen oder einen Besuch machen

Krisenintervention

Manchmal ist das eigene soziale Netz mit der Situation überfordert. Der tödliche Verkehrsunfall des 20-jährigen Sohnes, der Herzstillstand des 40-jährigen Familienvaters oder das lange Sterben des Grossvaters zu Hause kann alle im ersten Moment überfordern. In solchen extremen Situationen muss aber niemand allein sein. Holen Sie Hilfe:

- Die Dargebotene Hand, Telefon 143, ist rund um die Uhr für ein Gespräch da und vermittelt weitere Hilfe.
- Ihr Pfarrer ist auch schon vor der Beerdigung für Sie da. Wer keinen Pfarrer kennt, kann sich an das ökumenische Seelsorgeteam wenden: www.seelsorge.net oder SMS an 767
- Mitarbeiter der Krisenintervention Schweiz (vormals Stiftung «Begleitung in Leid und Trauer») kommen zu Ihnen nach Hause oder begleiten Sie beim schweren Gang zur Leichenhalle oder zum Gespräch über den Unfallhergang bei der Polizei: www.kriseninterventionschweiz.ch

Die kirchliche Trauerhilfe

Gläubige Menschen sind in ihrer Kirchgemeinde gut aufgehoben. Angehörige des katholischen Glaubens finden oft Trost bei den kirchlichen Ritualen wie der heiligen Messe zum Dreissigsten und zum Jahrestag. Auch wer bisher mit der Kirche nicht viel am Hut hatte, kann sich an die Pfarrerin der Kirchgemeinde wenden – Seelsorge ist schliesslich deren Kernkompetenz. Wer schon lange nicht mehr gebetet hat, mag unter Anleitung der Pfarrerin Kraft in einem Gebet finden. Wer nicht beten möchte, soll und muss es auch nicht tun. Die Pfarrerin spricht mit Ihnen nicht nur über Gott, sondern auch über die Welt.

Workshops und Trauerseminare

Es gibt auch spezielle Workshops, Trauerreisen oder Trauerseminare in Bildungsstätten und Tagungszentren, etwa im evangelischen Tagungs- und Studienzentrum Boldern in Männedorf ZH oder im Kloster Magdenau in Degersheim SG. Dort treffen sich Menschen, die mit dem Verlust eines Nächsten fertig werden müssen. Unter Anleitung von Fachpersonen wie Psychotherapeutinnen oder Pfarrern lernen Betroffene, die Trauer besser zu bewältigen. Hinterbliebene finden an diesen Orten andere Menschen, die das gleiche Schicksal zu tragen haben. Sie können sich untereinander austauschen und lernen, mithilfe von körperlicher Bewegung, Entspannungsübungen und gestalterischen Mitteln wie Malen der Trauer einen Ausdruck zu verleihen.

Selbsthilfegruppen

Es gibt in der Schweiz etliche Selbsthilfegruppen für Hinterbliebene. Hier finden Trauernde Unterstützung und Trost. Die Gruppen organisieren verschiedenste Zusammenkünfte für Hinterbliebene: für Angehörige von Suizidverstorbenen, für Eltern, die ein Kind verloren haben, für Witwer und Witwen (Adressen von Hilfsangeboten für Trauernde finden Sie im Anhang).

Viele Jahre später

Selbst wenn die Trauer verarbeitet ist und die Hinterbliebenen sich im Leben wieder gut zurechtfinden, gibt es immer wieder Momente der Traurigkeit. Auch viele Jahre nach dem Tod denkt man plötzlich an die liebe Verstorbene, Bilder einer längst vergangenen Zeit tauchen auf und treiben einem Tränen in die Augen. Wer einen geliebten Menschen verloren hat, sei es die Mutter, der Partner oder ein Kind, wird immer wieder solch traurige Momente erleben. Lassen Sie es zu. Es ist nur menschlich.

«Niemand, den man liebt, ist jemals tot.»

Ernest Hemingway

Anhang

Download-Angebot zu diesem Buch
Alle mit dem Download-Signet gekennzeichneten Checklisten, Vorlagen und Muster im Anhang stehen auch online zum Herunterladen bereit unter: www.beobachter.ch/download (Code 8585).

DOCUPASS
Dieses Signet verweist auf ein entsprechendes Dokument im DOCUPASS-Vorsorgedossier von Pro Senectute, mit dem Sie Ihre persönliche Vorsorge detailliert regeln können.

Checkliste: Todesfall

 **Was ist bei einem Todesfall zu tun?**

Erledigen Sie die folgenden Arbeiten Schritt für Schritt.

So schnell wie möglich:
☐ Arzt rufen

Bei Unfall oder Verdacht auf Selbsttötung/Tötungsdelikt:
☐ Polizei rufen
☐ Meldung an die Versicherungen des Verstorbenen

Benachrichtigen:
☐ der nächsten Angehörigen
☐ des Arbeitgebers oder Geschäftspartners
☐ des eigenen Arbeitgebers

In den Unterlagen des Verstorbenen suchen nach:
☐ einem Organspendeausweis
☐ seiner Anordnung für die Beerdigung
☐ einem Vorsorgevertrag mit einem Bestattungsunternehmen

Vor der Beerdigung:
☐ Innerhalb von zwei Tagen den Todesfall auf dem Zivilstandsamt melden
☐ Benachrichtigung des vom Verstorbenen allenfalls beauftragten privaten Bestattungsunternehmens
☐ Wo nötig ein privates Bestattungsunternehmen beiziehen
☐ Überführung des Verstorbenen organisieren
☐ Für die Trauerfeier mit Pfarrer, Ritualberater oder Bestattungsrednerin Kontakt aufnehmen
☐ Ort, Zeitpunkt und Art der Bestattung festlegen
☐ Grab auswählen
☐ Abdankungshalle, Kapelle oder Kirche reservieren
☐ Blumenschmuck bestellen
☐ Eventuell Musiker für die Trauerfeier organisieren
☐ Mit Vereinspräsident eine allfällige Trauerfeuerdarbietung besprechen
☐ Leidmahl organisieren
☐ Transporte, Mitfahrgelegenheit für den Tag der Beerdigung organisieren
☐ Todesanzeige und Danksagung gestalten; Anzeigenauftrag an Zeitung erteilen
☐ Leidzirkular versenden

Eventuell Sicherungsmassnahmen ergreifen wie:

☐ Vollmachten widerrufen

☐ Siegelung oder Aufnahme eines Sicherungsinventars beantragen

Nach der Beerdigung:

☐ Testament, Erbvertrag, Ehevertrag bei der kantonal zuständigen Stelle einreichen

☐ Abklären, ob der Nachlass überschuldet ist. Im Zweifelsfall innert einem Monat seit dem Todesfall die Aufnahme eines öffentlichen Inventars beantragen. Die Ausschlagung der Erbschaft ist innert dreier Monate möglich.

Versicherungen des Verstorbenen informieren und allenfalls kündigen:

☐ Krankenkasse

☐ Unfallversicherung

☐ Lebensversicherung

☐ Auto- und Privathaftpflichtversicherung

☐ Hausratversicherung

Laufende Verträge überprüfen und wo nötig kündigen:

☐ Mietvertrag

☐ Telefonanschluss

☐ Radio- und TV-Anschluss

☐ Elektrizität

☐ Kreditkartenverträge

☐ Zeitungs- und Zeitschriftenabonnements

☐ Leasingverträge

☐ Fitnessabonnement

☐ Abonnement öffentlicher Verkehr, Halbtax, GA

☐ Mitgliedschaften in Vereinen

☐ Mitteilung an den Militär- bzw. Zivilschutzkommandanten

Witwen-/Witwer- und Waisenrente an- oder abmelden bei:

☐ AHV-Ausgleichskasse

☐ Pensionskasse

☐ Unfallversicherung

☐ Auszahlung des Kapitals bzw. der Summe bei der Bank oder Versicherung beantragen, bei der der Verstorbene ein Freizügigkeitskonto oder eine -police, ein Säule-3a-Konto, eine Säule-3a-Police, eine Lebensversicherung hatte

☐ Wohnungsräumung organisieren

☐ Grabstein bestellen

☐ Treffen der Erben organisieren zwecks Abwicklung der Nachlassangelegenheiten und der Erbteilung

Vorlagen zum Ausfüllen

 ## Wichtige Dokumente und Wertsachen

Meine Dokumente und Wertsachen

Hier habe ich meine Dokumente aufbewahrt:

Dokumente (ankreuzen, falls vorhanden)   Aufbewahrungsort

☐ Pass, Identitätskarte

☐ Schriftenempfangsschein

☐ Familienbüchlein, -ausweis

☐ Ausländerausweis

☐ AHV-Ausweis

☐ Dienstbüchlein

☐ Fahrzeugausweis

☐ Testament

☐ Ehevertrag

☐ Erbvertrag

☐ Belege für Erbvorbezüge

☐ Patientenverfügung

☐ Anordnungen für meine Bestattung

Ich habe folgenden Personen Vollmachten erteilt:

1.

2.

Ich habe Versicherungen bei folgenden Gesellschaften:

☐ Krankenkasse bei

☐ Unfall bei

☐ Lebensversicherung bei

☐ Auto- und Privathaftpflicht bei

☐ Hausrat bei

☐ Schmuck bei

☐ Andere bei

Die Policen befinden sich

Meine Schlüssel befinden sich an folgendem Ort:

☐ Haus-/Wohnungsschlüssel

☐ Schlüssel des Arbeitgebers

☐ Safeschlüssel

☐ Autoschlüssel

☐ Andere

Ich habe folgende Konten und Schliessfächer bei der Bank, Post:

1.

2.

3.

Ich bin Mitglied in folgenden Vereinen:

1.

2.

3.

Meine Benutzernamen und Passwörter lauten wie folgt:

Computer:

E-Mail-Konto:

Facebook-Konto:

Anderes:

 **Vollmachten**

Spezialvollmacht

Ich

Name, Vorname

geboren am

Bürger(in), Staatsangehörige(r) von

wohnhaft in

bevollmächtige hiermit

Name, Vorname

geboren am

Bürger(in), Staatsangehörige(r) von

wohnhaft in

in meinem Namen und auf meine Rechnung folgende Geschäfte zu tätigen:

1.

2.

3.

Diese Vollmacht gilt auch für den Fall meiner Urteilsunfähigkeit und über meinen Tod hinaus bis zum Widerruf durch einen meiner Erben.

Ort, Datum

Unterschrift

Generalvollmacht

Ich

Name, Vorname

geboren am

Bürger(in), Staatsangehörige(r) von

wohnhaft in

bevollmächtige hiermit

Name, Vorname

geboren am

Bürger(in), Staatsangehörige(r) von

wohnhaft in

mich bei der Regelung all meiner Geschäftsangelegenheiten zu vertreten, insbesondere gegenüber Gerichten, Banken, Versicherungen, Sozialeinrichtungen, Heimen, Spitälern, Behörden und Amtsstellen.

Der/die Bevollmächtigte ist befugt, alle Rechtshandlungen und Rechtsgeschäfte in meinem Namen und auf meine Rechnung vorzunehmen, insbesondere Geld, Wertschriften und andere Vermögenswerte entgegenzunehmen, zu veräussern oder zu erwerben, Versicherungs- und Sozialleistungen zu beantragen und die finanziellen Verpflichtungen zu erfüllen, über sämtliche auf meinen Namen hinterlegten Vermögenswerte und über meine Konten zu verfügen und Verbindlichkeiten einzugehen. Er/sie darf auch Liegenschaften verkaufen oder belasten.

Diese Vollmacht gilt auch für den Fall meiner Urteilsunfähigkeit und über meinen Tod hinaus bis zum Widerruf durch einen meiner Erben.

Ort, Datum

Unterschrift

 **Patientenverfügung**

Patientenverfügung

von

Name, Vorname
_____

geboren am
_____

Bürger(in) von
_____

wohnhaft in
_____

Ist meine Urteils- und Entscheidungsfähigkeit wegen Krankheit oder Unfalls beeinträchtigt, sodass ich nicht mehr in der Lage bin, meinen Willen zu äussern, verfüge ich hiermit:

1. Medizinische Behandlung

Ich leide an folgender Erkrankung:
_____

_____

Mein Arzt, Dr.
_____

hat mich über den Verlauf und die Behandlungsmöglichkeiten aufgeklärt. Gerate ich wegen meiner Krankheit in folgenden Zustand:
_____

_____

verzichte ich auf folgende Behandlung:
_____

_____

Ich verlange aber folgende medizinische Massnahmen:
_____

_____

Bestätigung des Arztes (fakultativ):
_____

mit Datum und Unterschrift

2. Lebensverlängernde Massnahmen*

☐ Gerate ich in die Endphase einer tödlich verlaufenden Krankheit, in der keine Hoffnung mehr auf Besserung meines Zustands besteht, dulde ich keine weiteren medizinischen Eingriffe, die mein Sterben oder Leiden verlängern. Insbesondere will ich keine Reanimation, kein künstliches Aufrechterhalten des Kreislaufs und keine künstliche Ernährung.
Ich verlange eine optimale Linderung von Schmerzen und Beschwerden wie Atemnot, Angst, Hunger- und Durstgefühl oder Übelkeit.

☐ Diagnostizieren Ärzte nach einem schweren Unfall meinen Hirntod, so verlange ich, dass alle lebenserhaltenden Massnahmen wie künstliches Aufrechterhalten des Kreislaufs und künstliche Ernährung sofort eingestellt werden. Ich weiss, dass beim Hirntod das Gehirn so schwer geschädigt ist, dass ein selbstbestimmtes Leben selbst unter Einsatz von intensivmedizinischen Massnahmen nicht mehr möglich ist. Mein Entscheid zur Organentnahme ist in dieser Verfügung festgehalten. Ich verlange aber ausreichende Behandlung zur optimalen Linderung von Schmerzen und Beschwerden wie Atemnot, Angst, Hunger- und Durstgefühl oder Übelkeit.

☐ Ich überlasse den Entscheid meiner Vertrauensperson (Name, Adresse):

_____

_____

_____

3. Entbindung vom Patientengeheimnis

Sollte ich im Zusammenhang mit einer ärztlichen Behandlung oder einem stationären Aufenthalt in einem Spital, Heim oder Hospiz bewusstlos, verwirrt oder nicht ansprechbar sein, entbinde ich alle mich behandelnden Ärztinnen, Ärzte und Pflegepersonen von ihrer Schweigepflicht gegenüber (Name, Adresse):

_____

_____

_____

Nach meinem Tod erhalten folgende Personen Einsicht in meine Krankengeschichte (Name, Adresse):

_____

_____

_____

* Zutreffendes ankreuzen

4. Sterbebegleitung

Wenn ich im Sterben liege, möchte ich folgende Personen um mich haben:

Name, Vorname

Adresse

Telefon

Name, Vorname

Adresse

Telefon

Name, Vorname

Adresse

Telefon

Ich bitte, diese Personen sofort zu benachrichtigen.

Folgende Personen haben keinen Zutritt zu meinem Krankenbett (Name, Adresse):

Ich habe folgende Konfession:

Damit ich rechtzeitig die vorgesehenen Sterberituale in Anspruch nehmen kann, bitte ich darum, einen Pfarrer, eine Pfarrerin zu benachrichtigen, am liebsten (Name, Adresse):

5. Sterbeort*

☐ Wenn eine optimale Betreuung gewährleistet und es für meine Angehörigen zumutbar ist, möchte ich zu Hause sterben.

☐ Ich ziehe es vor, im Spital oder im Heim zu sterben.

☐ Ich möchte in folgendem Sterbehospiz sterben:

6. Untersuchungen zu Forschungszwecken*
☐ Ich erlaube Untersuchungen zu Forschungszwecken, Fotografien oder Lehrvorführungen zu Lebzeiten.
☐ Ich verbiete diese Untersuchungen.

7. Organspende*
☐ Nach meinem Tod dürfen mir alle Organe, die sich für eine Organspende eignen, entnommen werden.
☐ Nach meinem Tod dürfen mir nur folgende Organe entnommen werden:
☐ Stellt sich bei oder nach der Organentnahme heraus, dass sich meine Organe nicht für eine Organtransplantation eignen, dürfen sie auch für Forschungszwecke verwendet werden.
☐ Nach meinem Tod dürfen mir keine Organe entnommen werden.

8. Obduktion*
☐ Nach meinem Tod will ich auf keinen Fall obduziert werden.

Kann die Todesursache nur mittels einer Obduktion festgestellt werden,
☐ erlaube ich sie
☐ verbiete ich sie trotzdem

Das Original dieser Patientenverfügung befindet sich:

Je eine Kopie haben folgende Personen meines Vertrauens:

Name, Vorname

Adresse

Telefon

Name, Vorname

Adresse

Telefon

Ort, Datum

Unterschrift

* Zutreffendes ankreuzen

199

Bestätigung/Erneuerung alle zwei Jahre

Diese Patientenverfügung ist immer noch gültig.

Datum, Unterschrift _____

Datum, Unterschrift _____

Datum, Unterschrift _____

Datum, Unterschrift _____

Datum, Unterschrift _____

Karte für das Portemonnaie oder die Brieftasche

Ich habe eine Patientenverfügung erlassen.

Mein Name _____

Meine Adresse _____

Aufbewahrungsort Original _____

Aufbewahrungsort(e) Kopie(n) _____

Vollmacht zur Patientenverfügung

Vollmacht

Ich

Name, Vorname
_____

geboren am
_____

Bürger(in), Staatsangehörige(r) von
_____

wohnhaft in
_____

erteile

Name, Vorname
_____

geboren am
_____

Bürger(in), Staatsangehörige(r) von
_____

wohnhaft in
_____

den Auftrag und die Vollmacht, darum besorgt zu sein, dass meine Anweisungen und Wünsche in der Patientenverfügung befolgt werden. Ich entbinde meine behandelnden Ärztinnen, Ärzte und Pflegepersonen ihr/ihm gegenüber ausdrücklich vom Patientengeheimnis.

Ort, Datum
_____

Unterschrift
_____

Anordnungen zur Bestattung

Anordnungen zu meiner Bestattung

1. Aufbahrung

Ich möchte wie folgt aufgebahrt werden:

☐ in der Leichenhalle der Gemeinde

☐ zu Hause

☐ an folgendem Ort:

_____

☐ Alle haben Zutritt zu meinem Sarg.

☐ Nur diese Personen haben Zutritt zu meinem Sarg:

_____

2. Sarg

☐ Ich wünsche einen möglichst einfachen Sarg. Mit dem von der Gemeinde zur Verfügung gestellten Modell bin ich zufrieden.

☐ Ich wünsche folgendes Modell:

_____

3. Totenbekleidung

☐ Ich wünsche die ortsübliche Totenbekleidung.

☐ Ich möchte folgende Kleider tragen:

_____

4. Todesanzeige

☐ Ich überlasse die Gestaltung und Platzierung der Todesanzeige folgender Person:

_____

☐ Ich habe meine Todesanzeige vorbereitet. Sie befindet sich in der Beilage. Ich wünsche eine Platzierung in folgenden Zeitungen:

_____

_____

_____

☐ Die Todesanzeige ist auch als Leidzirkular zu versenden.

☐ Anstelle einer Todesanzeige wünsche ich nur den Versand eines Leidzirkulars.

5. Bestattung

Ich wünsche eine Erdbestattung mit Beisetzung in

☐ einem Reihengrab ☐ dem Familiengrab ☐ einem Mietgrab

Ich wünsche eine Feuerbestattung (Kremation) mit Beisetzung in

☐ einem Reihengrab ☐ dem Familiengrab ☐ einem Mietgrab

☐ einer Urnennische ☐ dem Gemeinschaftsgrab

☐ Ich möchte eine Beisetzung meiner Asche an folgendem Ort:

_____

☐ Ich habe mit meiner Bestattung beauftragt:

_____

6. Gestaltung meiner Grabstelle

☐ Ich überlasse die Auswahl von Grabmal und Bepflanzung des Grabes folgender Person:

_____

☐ Ich habe eigene Vorstellungen. Meine Anweisungen befinden sich in der Beilage.

7. Trauerfeier

☐ Ich wünsche eine öffentliche Trauerfeier im üblichen kirchlichen Rahmen.

☐ Ich wünsche eine Trauerfeier im engsten Familienkreis im üblichen kirchlichen Rahmen.

☐ Ich will keine übliche kirchliche Trauerfeier. Meine Vorstellungen vom Ablauf der Trauerfeier habe ich in der Beilage festgehalten.

☐ Ich habe mit der Gestaltung der Trauerfeier beauftragt:

_____

☐ Statt Blumen erbitte ich eine Spende an folgende Institution (Name und Konto):

_____

8. Danksagung

☐ Ich habe den Text für die Danksagung vorbereitet. Er befindet sich in der Beilage.

☐ Ich überlasse die Formulierung und Platzierung der Danksagung folgender Person:

_____

Ort, Datum _____

Unterschrift _____

Musterdokumente

🜚 🜨 Vorsorgeauftrag

Achtung: Der Vorsorgeauftrag muss von Anfang bis Ende handschriftlich verfasst, datiert und unterzeichnet sein. Schreiben Sie diesen Text deshalb von Hand ab und passen Sie ihn an Ihre Situation an. Ist das nicht möglich, braucht es eine öffentliche Beurkundung.

Vorsorgeauftrag von

Franca Muster, Sonnenstrasse 17, 8001 Zürich
Geboren am 10. September 1965, Bürgerin von Sachseln OW
Telefon 044 710, 44 99, E-Mail franca.muster@internet.ch

Sollte ich gemäss Art. 360 ZGB nicht mehr in der Lage sein, selber Entscheidungen zu treffen, beauftrage ich

Karin Sommer, Luvstrasse 36, 8702 Zollikon ZH
Telefon 074 777 90 01, E-Mail karin.sommer@internet.ch

sich mit diesem Vorsorgeauftrag an die Erwachsenenschutzbehörde meines Wohnortes zu wenden. Die Behörde soll ihr die zu meiner Vertretung notwendige Urkunde im Sinne von Artikel 363 ZGB ausstellen.

Für den Fall, dass Frau Sommer diesen Vorsorgeauftrag nicht annehmen kann, bestimme ich als Ersatz:

Daniel Huber, Lagestrasse 12, 3050 Bern
Telefon 073 303 12 11, E-Mail: daniel.huber@internet.ch

1. Personensorge:
Die oben erwähnte bevollmächtigte Person bestimmt, welche Massnahmen im Hinblick auf meine optimale Betreuung, Pflege und medizinische Versorgung zu treffen sind. Sofern ich spezielle Anordnungen in einer Patientenverfügung erlasse, gilt diese, und die bevollmächtigte Person hat für deren Ausführung zu sorgen.

2. Vermögenssorge:
Die bevollmächtigte Person verwaltet mein Einkommen und Vermögen und

sorgt für die Bezahlung meiner Rechnungen. Sie ist befugt, eingeschriebene Post entgegenzunehmen und meine Post zu öffnen.

3. Vertretung im Rechtsverkehr:

Die bevollmächtigte Person ist autorisiert, alle für die Personen- und Vermögenssorge notwenigen Vorkehrungen zu treffen und die dafür nötigen Verträge abzuschliessen oder zu kündigen.

4. Spesen und Entschädigung:

Notwendige Auslagen sind der bevollmächtigten Person zu ersetzen. Für ihren zeitlichen Aufwand darf sie 30 Franken pro Stunde berechnen. Nicht zu entschädigen sind ihre freiwilligen Besuche bei mir zu Hause, im Heim oder im Spital.

Zürich, 20. Januar 2014
Franca Muster

⊕ Testament

Achtung: Ein Testament ist nur gültig, wenn es von Anfang bis Ende von Hand geschrieben, datiert und unterschrieben ist. Schreiben Sie deshalb diesen Text von Hand ab und passen Sie ihn an Ihre persönliche Situation an. Ist dies nicht möglich, braucht es eine öffentliche Beurkundung.

Testament für Ehegatten

Ich,
Elisabeth Mattenberger, geboren am 24. Juli 1954, Bürgerin von Maur ZH,

verfüge letztwillig wie folgt:

I.
Ich widerrufe sämtliche letztwilligen Verfügungen, die ich jemals getroffen habe.

II.
Ich beabsichtige, meinen Ehemann Hugo Mattenberger, geboren am 1. Juli 1950, Bürger von Zürich, so weit wie möglich zu begünstigen. Ich erwarte, dass meine Kinder (oder: meine Eltern) auf ihren Pflichtteil verzichten, und setze deshalb meinen Ehemann als Alleinerben meiner gesamten Hinterlassenschaft ein.*
Bestehen meine Kinder dennoch auf ihrem Pflichtteil, erhalten sie diesen als Vermächtnis. Mein Ehemann kann sie in bar oder ganz oder teilweise mit Vermögenswerten aus meinem Nachlass abfinden.

Varianten:
– *Ich wende meinem Ehemann einen Viertel zu Eigentum und am Restnachlass im Sinn von Artikel 473 ZGB die lebenslängliche und unentgeltliche Nutzniessung zu.***
– *Ich wende meinem Ehemann die lebenslängliche Nutzniessung an meinem gesamten Nachlass im Sinne von Artikel 473 ZGB zu.***

III.
Sollte mein Ehemann mit Miterben teilen müssen, steht ihm das Recht zu, die von ihm gewünschten Vermögenswerte und Gegenstände meiner Hinterlassenschaft auf Anrechnung an seinen Erbteil vorab auszuwählen.

Variante:
Für folgende Gegenstände und Vermögenswerte gilt jedoch eine abweichende
Regelung:
- *Meine Perlenkette vermache ich meinem Patenkind, Ursula Widmer, Heim-*
  strasse 7, 8008 Zürich.
- *Das Guthaben auf meinem Konto bei der Migrosbank, Kontonummer 2.300.10,*
  vermache ich meinem Patenkind, Sandro Müller, Wegacker 2, 8041 Zürich

IV.
Sollte ich gleichzeitig oder nach meinem Ehemann ableben, gilt die gesetzliche
Erbfolge.

Variante:
Sollte ich gleichzeitig oder nach meinem Ehemann ableben, setze ich als Allein-
erben ein: meine beiden Patenkinder, Ursula Widmer und Sandro Müller, je zur
Hälfte.

V.
Ich bestimme meinen Ehemann zu meinem Willensvollstrecker. Sollte er diese
Aufgabe nicht übernehmen, bestimme ich ersatzweise mein Patenkind Ursula
Widmer.

Maur, 2. August 2014
Elisabeth Mattenberger

---

* Diese Variante verletzt den Pflichtteil Ihrer Kinder oder, wenn Sie kinderlos sind, Ihrer Eltern.
  Ficht kein Pflichtteilserbe das Testament innert Jahresfrist seit dessen Eröffnung gerichtlich an,
  ist es aber verbindlich.
** Nicht gemeinsame Nachkommen können innert Jahresfrist seit der Testamentseröffnung die
  unbelastete Herausgabe ihres Pflichtteils fordern.

Testament für Lebenspartner

Ich, Ursula Hirschi, geboren am 10. November 1965, Bürgerin von Burgdorf BE, verfüge letztwillig wie folgt:

I.
Ich widerrufe sämtliche letztwilligen Verfügungen, die ich jemals getroffen habe.

II.
Ich möchte meinen Lebenspartner Gerard Fankhauser, geboren am 12. Mai 1964, Bürger von Finsterhennen BE, so weit wie möglich begünstigen und setze ihn deshalb als Alleinerben meiner gesamten Hinterlassenschaft ein. Ich erwarte, dass meine Kinder [oder: meine Eltern] auf ihren Pflichtteil verzichten.*
Bestehen meine Kinder dennoch auf ihrem Pflichtteil, erhalten sie diesen als Vermächtnis. Mein Lebenspartner kann sie in bar oder ganz oder teilweise mit Vermögenswerten aus meinem Nachlass abfinden.

III.
Muss mein Lebenspartner mit Miterben teilen, steht ihm das Recht zu, die von ihm gewünschten Vermögenswerte und Gegenstände meiner Hinterlassenschaft auf Anrechnung an seinen Erbteil vorab auszuwählen.

Variante:
Für folgende Gegenstände und Vermögenswerte gilt jedoch eine abweichende Regelung:
– Meinen gesamten Schmuck vermache ich meiner Schwägerin, Eliane Sieber, geboren am 3. Mai 1970, von Caracas.

IV.
Sollte ich gleichzeitig mit oder nach meinem Lebenspartner ableben, setze ich meinen Bruder Michael Sieber, geboren am 10. Mai 1971, von Sachseln OW, als Alleinerben ein.

V.
Ich setze meinen Lebenspartner als Willensvollstrecker ein. Sollte er diese Aufgabe nicht übernehmen, ersetzt ihn Rechtsanwältin Ursina Lader, 8048 Zürich.

Zürich, 2. Februar 2014
Ursula Hirschi

---

* Diese Variante verletzt den Pflichtteil Ihres Nochehegatten, Ihrer Kinder oder Eltern. Ficht kein Pflichtteilserbe das Testament innert Jahresfrist seit Eröffnung gerichtlich an, ist es aber verbindlich.

Testament für Alleinstehende

Ich, Lisa Huber, geboren am 17. November 1940, Bürgerin von Langnau BE, verfüge letztwillig wie folgt:

I.
Ich widerrufe sämtliche letztwilligen Verfügungen, die ich jemals getroffen habe.

II.
Ich setze meine Nichte Alicia Weber, geboren am 21. Juni 1988, Bürgerin von Zürich, als Alleinerbin meiner gesamten Hinterlassenschaft ein.

III.
Die Stiftung SOS Beobachter, Förrlibuckstrasse 70, 8021 Zürich, erhält 20 Prozent meines Nettonachlassvermögens laut Steuerinventar als Vermächtnis.

Willensvollstrecker
Ich setze die XY Treuhand AG in 4900 Langenthal zu meiner Willensvollstreckerin ein. Nimmt sie das Mandat nicht an, setze ich die Berner Kantonalbank als Ersatz ein.

Herzogenbuchsee, 30. Mai 2014
Lisa Huber

Als Zusatz im Testament:

Testamentarische Anordnung für mein Haustier
Meinen Kater Mikesch vermache ich als Legat meiner Nachbarin, Vanja Huber, Frymannstrasse 70, 3360 Herzogenbuchsee. Für den Unterhalt des Tieres haben meine Erben ihr Fr. 4000.– auszuzahlen.

30. Mai 2014
Lisa Huber

Erbteilungsvertrag

über den Nachlass von Gregor Müller, geboren am 20. Juli 1934, gestorben am 1. Mai 2014

I.
Der Erblasser, Gregor Müller, hat folgende Erben hinterlassen:
1. die Ehefrau, Monika Müller, geboren am 19. November 1940
2. die Tochter, Simone Hausammann-Müller, geboren am 3. Juni 1960
3. den Sohn, Gianfranco Müller, geboren am 24. April 1964

II.
Die Erben stellen fest, dass der Nachlass von Gregor Müller aus folgenden Vermögenswerten besteht:
1. Sparkonto und Wertschriftendepot bei der Kantonalbank St. Gallen:
   Nr. 415607 und Nr. 414508,
   Wert am Todestag: total Fr. 190 000.–
2. Liegenschaft an der Meienstrasse 7 in St. Gallen, inklusive Hausrat,
   geschätzter Verkehrswert: Fr. 500 000.–
3. Auto, Marke Subaru,
   geschätzter Wert: Fr. 4000.–

III.
Die Erben teilen den Nachlass untereinander wie folgt auf:
1. Die Kinder Simone Hausammann-Müller und Gianfranco Müller verzichten je zugunsten ihrer Mutter Monika Müller auf ihren Erbteil.
2. Monika Müller erhält den gesamten Nachlass mit allen Aktiven und Passiven und übernimmt somit auch alle mit dem Nachlass verbundenen Schulden (wie Steuerschulden, Begräbniskosten, Teilungskosten).

Variante:
Die Kinder Simone Hausammann-Müller und Gianfranco Müller verzichten vorläufig je zugunsten ihrer Mutter Monika Müller auf die Auszahlung ihres Erbteils.
Sie überlassen der Mutter bis zum Vollzug der Erbteilung sämtliches Nachlassvermögen zum uneingeschränkten Gebrauch und Verbrauch.
Simone Hausammann-Müller und Gianfranco Müller sind berechtigt, die Auszahlung ihrer Erbanteile in Geld zu fordern, sobald Monika Müller dauerhaft in ein Alters- oder Pflegeheim zieht oder wenn sie einen Beistand erhält.

IV.
Die Erben erklären, dass sie den Nachlass von Gregor Müller mit Vollzug dieser Vereinbarung vollständig geteilt haben und die Erbengemeinschaft per Saldo aller Ansprüche aufgelöst ist.

Variante:
Monika Müller übernimmt bis zur Teilung alle mit dem Nachlass verbundenen Schulden (wie Steuerschulden, Begräbniskosten, Teilungskosten).

Dietikon, den 3. April 2014
Monika Müller
Simone Hausammann-Müller
Gianfranco Müller

 # Begünstigung in der 2. Säule

Migros Bank
8500 Winterthur

Begünstigungserklärung für das Freizügigkeitskonto*

Im Falle meines Todes setze ich bezüglich meines Freizügigkeitskontos Nr. 200.80.9 meine Lebenspartnerin

Chantal Surer, geboren am 20. Februar 1963, Bürgerin von Erstfeld UR, wohnhaft an der Simmenstrasse 3, 8400 Winterthur

als erste Begünstigte gemäss Artikel 15 Absatz 2 FZV ein. Sie soll 100 Prozent meines Guthabens erhalten.

Winterthur, 2. Juni 2014
Urs Widmer

* Die Begünstigungserklärung für eine Freizügigkeitspolice lautet gleich.

⬇ Begünstigung in der Säule 3a

Begünstigung mit Kindern

Schwyzer Kantonalbank
6430 Schwyz

Begünstigungserklärung an die Vorsorgeeinrichtung 3a

Mein Kind, Tanja Sommer, geboren am 2. Mai 1990, Bürgerin von Bern, wohnhaft an der Tannenstrasse 2, 8057 Zürich, erhält 30 Prozent; mein Lebenspartner, Uwe Stadler, geboren am 24. April 1964, Bürger von Basel, wohnhaft an der Breitestrasse 10, 6430 Schwyz, erhält 70 Prozent meines Guthabens.

Variante:
Mein Lebenspartner, Uwe Stadler, geboren am 24. April 1964, Bürger von Basel, wohnhaft an der Breitestrasse 10, 6430 Schwyz, erhält das gesamte Guthaben.

Schwyz, 5. August 2014
Karin Sommer

Begünstigung ohne Kinder

Schwyzer Kantonalbank
6430 Schwyz

Begünstigungserklärung an die Vorsorgeeinrichtung 3a

Da ich keine Kinder habe und auch nicht verheiratet bin, setze ich meinen Lebenspartner, Uwe Stadler, geboren am 24. April 1964, Bürger von Basel, wohnhaft an der Breitestrasse 10, 6430 Schwyz, im Fall meines Todes als alleinigen Begünstigten ein. Er erhält mein ganzes Guthaben. Ich habe meinen Lebenspartner zusätzlich in einem Testament als Erben eingesetzt.

Schwyz, 5. August 2014
Karin Sommer

Vormundschaft für die Kinder im Todesfall

Kindes- und Erwachsenenschutzbehörde
8000 Zürich

Wunschvormund für meine Kinder

Im Falle meines Todes wünsche ich, Felicitas Meier (geboren am 7. April 1970,
Bürgerin von Herzogenbuchsee BE), dass Sie

Karola Schaub, geboren am 3. November 1975, Bürgerin von Gstaad BE,
wohnhaft an der Meienstrasse 11, 3400 Burgdorf

zur Vormundin meiner unmündigen Kinder Gabriela Meier (geboren am
2. Mai 2000) und Noah Meier (geboren am 15. Juli 2002) ernennen und dass
die Kinder sofort nach meinem Tod unter ihre Obhut kommen.
Frau Schaub geniesst mein uneingeschränktes Vertrauen und hat sich mir
gegenüber bereit erklärt, diese Aufgabe zu übernehmen. Sie und meine Kinder
sind einander vertraut und pflegen heute schon regelmässigen Kontakt.
Auf keinen Fall möchte ich, dass der Vater der Kinder, Mathias Klavs, das
Sorgerecht erhält. Grund: Er hat sich seit unserer Trennung nicht um die Kinder
gekümmert und insbesondere sein Besuchsrecht nicht wahrgenommen.

Burgdorf, 3. Juli 2014
Felicitas Meier

 **Pflegevertrag (Kurzversion)**

Pflegevereinbarung

Vertragspartnerinnen
Erna Mahrer (Mutter) und Deborah Flückiger (Tochter)

Zweck des Vertrags
Deborah Flückiger betreut Erna Mahrer an drei Nachmittagen pro Woche in
Erna Mahrers Wohnung. Dazu gehören insbesondere: duschen, kochen,
aufräumen, vorlesen, Einkäufe des täglichen Gebrauchs.

Gültigkeitsdauer des Vertrags, Kündigung
Der Vertrag gilt auf unbestimmte Zeit. Eine Kündigung ist von beiden Parteien
jeweils auf ein Monatsende möglich. Die Kündigung hat schriftlich zu erfolgen.
Die Kündigungsfrist beträgt einen Monat.

Ausserordentliche Vertragsauflösung
Der Vertrag wird aufgelöst, wenn Dritte die Betreuung von Erna Mahrer
definitiv übernehmen (zum Beispiel bei einem Heimeintritt).

Weitere Leistungen
Deborah Flückiger erledigt einmal wöchentlich Erna Mahrers Wäsche.

Entschädigung
Erna Mahrer zahlt Deborah Flückiger für ihre Betreuungsarbeit einen Stunden-
lohn von Fr. 20.–. Für das Erledigen der Wäsche bezahlt sie zusätzlich Fr. 120.–
pauschal pro Monat.

Lausen, 25. Juli 2014
Erna Mahrer
Deborah Flückiger

 **Kündigungsschreiben**

Ein solches Schreiben senden Sie an Vermieter, Versicherungen, Vereine etc.

Kündigung

Sehr geehrte Damen und Herren

Hiermit informiere ich Sie über den Tod Ihres Vertragspartners Gustav Ineichen, Wuhrstrasse 6, 4800 Solothurn. Eine Kopie des Todesscheins finden Sie in der Beilage.

Namens und auftrags der Erbengemeinschaft kündige ich den Vertrag auf den nächstmöglichen Termin. Allfällige Guthaben bitte ich auf das Konto Nr. 7.800.9 bei Postfinance zu überweisen. Ein Einzahlungsschein liegt bei.

Mit freundlichen Grüssen

 Generalvollmacht der Erben

Vollmacht

Im Nachlass der am 8. August 2014 verstorbenen Claire Hurter

erteilen wir unserem Miterben

Thomas Hurter, geboren am 4. Mai 1966, Bürger von Zug, wohnhaft an der Gublerstrasse 7, 6300 Zug

die Vollmacht, die Erbengemeinschaft in allen Angelegenheiten, die den Nachlass betreffen, zu vertreten und für sie zu handeln. Dies gilt insbesondere auch für den Verkauf und die Belastung von Liegenschaften.

Zug, 3. Dezember 2011
Carmen Rieter-Hurter*
Renato Hurter*

Beilage: Erbschein

* Unterschrift aller Erben mit Name und Vorname notwendig

 Ausschlagung der Erbschaft

Senden Sie diesen Brief an die zuständige Behörde im Kanton. Die Adresse erfahren Sie auf der Gemeindekanzlei am Wohnort des Verstorbenen.

Sehr geehrte Damen und Herren

Im Nachlass Peter Sieber, wohnhaft gewesen an der Wannerstrasse 7, 8840 Alptal, verstorben am 2. Juli 2014,

teile ich Ihnen mit, dass ich die Erbschaft unbedingt und vorbehaltlos im Sinne von Artikel 570 ZGB ausschlage.

Mit freundlichen Grüssen

Gesuch an die Behörden

Richten Sie Ihr jeweiliges Gesuch an die zuständige Behörde im Kanton. Die Adresse erfahren Sie auf der Gemeindekanzlei am Wohnort des Verstorbenen.

Sehr geehrte Damen und Herren

Im Nachlass Peter Sieber, wohnhaft gewesen an der Wannerstrasse 7, 8840 Alptal, verstorben am 2. Juli 2014,
– beantrage ich die Ernennung eines amtlichen Erbenvertreters im Sinn von Artikel 602, Absatz 3 ZGB.*
– beantrage ich die Siegelung nach Artikel 552 ZGB.*
– beantrage ich die Aufnahme eines Inventars im Sinn von Artikel 533 ZGB.*
– beantrage ich, ein öffentliches Inventar im Sinn von Artikel 580 ff. ZGB aufzunehmen.*
– beantrage ich als Erbe, mir eine Erbenbescheinigung im Sinn von Artikel 559 ZGB auszustellen.*

Mit freundlichen Grüssen

Beilagen**

* Zutreffenden Punkt verwenden
** Erkundigen Sie sich, welche Dokumente Sie einreichen müssen und welche die Behörde selber beschafft.

Muster für eine Todesanzeige

Alles hat seine Zeit: 6. Mai 2014
Es gibt die Zeit zu leben   Traueradresse:
Es gibt die Zeit zu sterben   Familie Obermüller-Huber
                                    Gartenweg 2, 8045 Zürich

Wir sind sehr traurig, aber doch dankbar, dass unsere
geliebte Schwester und Tante

Vreni Obermüller
20.4.1930 bis 5.7.2014

nach kurzer Krankheit friedlich einschlafen durfte.
In unseren Herzen wird sie immer weiterleben.

Sarah und Paul Obermüller
Monika und Urs Rau-Obermüller mit Tina und Tom

Die Abdankungsfeier findet am Montag, 14. Juli, um 14 Uhr im Krematorium
Sihlfeld, Albisriederstrasse 31, 8003 Zürich, statt.

Anstelle von Blumen und Kränzen erbitten wir eine Spende an die Stiftung
SOS Beobachter, 8021 Zürich, Postcheckkonto 80-70-2.

Danksagung

Für die herzliche Anteilnahme und die Zeichen des Mitgefühls,
die wir beim Abschied unseres lieben

Martin Steiger

erfahren haben, danken wir herzlich.

Besonders gefreut haben uns die vielen Karten, Blumen und Spenden
an gemeinnützige Institutionen.

Ganz besonders danken wir Herrn Thomas Isler für die einfühlsamen
Worte und die wunderbare Gestaltung der Abschiedsfeier
sowie dem Männerchor Thalwil und der Solistin Eva Winter für ihre
ergreifende Darbietung.

Horgen, 12. Juni 2014   Die Trauerfamilie

Meine persönlichen Notizen

Adressen

Beratung und Vermittlung von Anwaltsadressen

www.beobachter.ch
Beobachter-Expertinnen und -Experten geben praktischen Rat bei privaten Rechts-, Geld- und Lebensproblemen des Alltags. Das Wissen der Fachleute steht den Beobachter-Mitgliedern (Abonnentinnen und Abonnenten) kostenlos zur Verfügung. Wer kein Abonnement hat, kann online oder am Telefon eines bestellen und erhält sofort Zugang zu den Dienstleistungen.

– HelpOnline: rund um die Uhr im Internet unter www.beobachter.ch/beratung (→ Beratung mit HelpOnline)
– Telefon: Montag bis Freitag von 9 bis 13 Uhr. Direktnummern der Fachbereiche unter www.beobachter.ch/beratung (→ Beratung per Telefon) oder unter Tel. 043 444 54 00
– Kurzberatung per E-Mail: Link zu den verschiedenen Fachbereichen unter www.beobachter.ch/beratung (→ Beratung per E-Mail)

Demokratische Juristinnen und Juristen der Schweiz (DJS)
Schwanengasse 9
3011 Bern
Tel. 078 617 87 17
www.djs-jds.ch
Mitgliederlisten mit Spezialgebieten

Schweizerischer Anwaltsverband
Marktgasse 4
3001 Bern
Tel. 031 313 06 06
www.sav-fsa.ch
(→ Ihr Anwalt/Ihre Anwältin → Anwaltssuche)
Auswahl an spezialisierten Anwälten

www.fachanwalt.sav-fsa.ch
(→ Suche Fachanwalt)
Liste der Fachanwälte Erbrecht

Bestattung und Trauerfeier

Alternative Bestattung

Algordanza AG
Via Innovativa 15
7013 Domat/Ems
Tel. 081 353 74 55
www.algordanza.ch
Diamantbestattung

Charona GmbH
Schulhausstrasse 60
4573 Lohn-Ammannsegg
Tel. 032 677 06 18
www.charona.ch
Bestattungsunternehmen im Raum Solothurn

Friedwald GmbH
Hauptstrasse 23
8265 Mammern
Tel. 052 741 42 12
www.friedwald.ch

Bestattungsämter im Internet

Stadt Basel: www.bdm.bs.ch
(Zivilstand → Todesfall)

Stadt Bern: www.bern.ch
(→ Leben in Bern → Persönliches und
Familie → Sterben und Tod)

Stadt Luzern: www.stadtluzern.ch
(→ Lebenslagen → Tod)

Stadt Zürich: www.stadt-zuerich.ch/
bestattungsamt

Bestattungsinstitute

Schweizerischer Verband der
Bestattungsdienste (SVB)
Geschäftsstelle
3000 Bern
Tel. 031 333 02 33
www.bestatter.ch

Grabpflege

Stiftung Pro Luminate
Bahnhofstrasse 94
5000 Aarau
Tel: 044 388 53 33
www.proluminate.ch

Bestattungsredner

Freidenker-Vereinigung der Schweiz
Postfach
3001 Bern
Tel. 031 371 65 67
www.frei-denken.ch
Vermittelt nichtkirchliche Bestattungs
redner

Netzwerk Rituale
Joseph Stirnimann
Grindel 1
6017 Ruswil
Tel. 041 495 16 50
www.ritualnetz.ch

Schweizerischer Verband freischaffender
Theologinnen und Theologen (SVFT)
www.svft.ch

Hilfe bei Tod im Ausland

Eidgenössisches Departement
für auswärtige Angelegenheiten (EDA)
Sektion Konsularischer Schutz
Tel. aus der Schweiz: 0800 24 73 65
Tel. aus dem Ausland: 0041 800 24 73 65
www.eda.admin.ch
(→ Dienstleistungen → Hilfe im Ausland)

Körperspende

Universität Basel
Anatomisches Institut
Pestalozzistrasse 20
4056 Basel
Tel. 061 267 39 20
www.anatomie.unibas.ch
Universität Bern
Institut für Anatomie
Baltzerstrasse 2
3000 Bern 9
Tel. 031 631 84 33
www.ana.unibe.ch

Universität Zürich
Anatomisches Institut
Winterthurerstrasse 190
8057 Zürich
Tel. 044 635 53 11
www.anatom.uzh.ch

Liegenschaftenschätzer

Schweizerische Schätzungsexperten-
Kammer (SEK/SVIT)
Schützenweg 34
4123 Allschwil
Tel. 061 301 88 01
www.svit.ch/sek.html

Schweizerischer Hauseigentümerverband
Seefeldstrasse 60
8032 Zürich
Tel. 044 254 90 20
www.hev-schweiz.ch

Mediation

Schweizerischer Dachverband
Mediation (SDM)
Schwarztorstrasse 56
3000 Bern 14
Tel. 031 318 58 17
www.infomediation.ch

Schweizerischer Verein
für Mediation (SVM)
Burgunderstrasse 91
3018 Bern
Tel. 031 556 30 05
www.svm-asm.ch

Organspende und -transplantation

Swisstransplant
Laupenstrasse 37
3008 Bern
Tel. 031 380 81 30
www.swisstransplant.org

Palliativpflege, Schmerzbehandlung, Sterbebegleitung

GGG Voluntas
Leimenstrasse 76
4051 Basel
Tel. 061 225 55 25
www.ggg-voluntas.ch

Krebsliga Schweiz
Effingerstrasse 40
3001 Bern
Tel. 031 389 91 00
Krebstelefon: 0800 11 88 11
www.krebsliga.ch

palliative ch
Bubenbergplatz 11
3011 Bern
Tel. 044 240 16 21
www.palliative.ch

Schweizerische Akademie der
Medizinischen Wissenschaften (SAMW)
Generalsekretariat
Petersplatz 13
4051 Basel
Tel. 061 269 90 30
www.samw.ch

Schmerzbehandlung

Schmerzklinik Basel
Hirschgässlein 11–15
4010 Basel
Tel. 061 295 89 89
www.schmerzklinik.ch

Schmerz Zentrum Zofingen
Hintere Hauptgasse 9
4800 Zofingen
Tel. 062 752 60 60
www.schmerzzentrum.ch

Zentrum für Schmerzmedizin
Guido A. Zäch-Strasse 1
6207 Nottwil
Tel. 041 939 49 00
www.schmerz-nottwil.ch

Patientenverfügung

Caritas Schweiz
Löwenstrasse 3
6002 Luzern
Tel. 041 419 22 22
www.caritas.ch

Dialog Ethik
Interdisziplinäres Institut für Ethik
im Gesundheitswesen
Schaffhauserstrasse 418
8050 Zürich
Tel. 044 252 42 01
www.dialog-ethik.ch

Pro Senectute Schweiz
Lavaterstrasse 60
8027 Zürich
Tel. 44 283 89 89
www.pro-senectute.ch
www.infosenior.ch

Verbindung der Schweizer
Ärztinnen und Ärzte (FMH)
Elfenstrasse 18
3000 Bern 15
Tel. 031 359 11 11
www.fmh.ch

Pflege und Pflegeheim

Curaviva Verband Heime
und Institutionen Schweiz
Zieglerstrasse 53
3000 Bern 14
Tel. 031 385 33 33
www.curaviva.ch
www.heiminfo.ch

Pro Senectute Schweiz
Lavaterstrasse 60
8027 Zürich
Tel. 44 283 89 89
www.pro-senectute.ch
www.infosenior.ch

Schweizerische Alzheimervereinigung
Rue des Pêcheurs 8E
1400 Yverdon-les-Bains
Tel. 024 426 20 00
www.alz.ch

Schweizerischer Berufsverband der
Pflegefachfrauen und -männer (SBK)
Geschäftsstelle Schweiz
Postfach 8124
Choisystrasse 1
3001 Bern
Tel. 031 388 36 36
www.sbk-asi.ch

Schweizerisches Rotes Kreuz (SRK)
Rainmattstrasse 10
3001 Bern
Tel. 031 387 71 11
www.redcross.ch

Spitex Verband Schweiz
Sulgenauweg 38
Postfach 1074
3000 Bern 23
Tel. 031 381 22 81 und 0842 80 40 20
www.spitexch.ch

Staatssekretariat für Wirtschaft (SECO)
Holzikofenweg 36
3003 Bern
Tel. 058 462 56 56
www.seco.admin.ch
www.keine-schwarzarbeit.ch

Unabhängige Beschwerdestelle
für das Alter (UBA)
UBA Schweiz
c/o Schweizerisches Rotes Kreuz
Rainmattstrasse 10
3001 Bern
Tel. 031 387 73 15 und 058 450 60 60
www.uba.ch
vermittelt bei Konflikten zwischen Betreuten und Pflegepersonen

Sozialversicherungen, Sozialhilfe

Bundesamt für Sozialversicherungen
Effingerstrasse 20
3003 Bern
Tel. 058 462 90 11
www.bsv.admin.ch
Informationen zu allen Zweigen der
Sozialversicherungen

www.ahv-iv.info
Alle wichtigen Informationen zu AHV,
zur IV und Ergänzungsleistungen;
Merkblätter zum Herunterladen

www.bvgauskuenfte.ch
Website des Vereins BVG-Auskünfte, mit
Adressen der Beratungsstellen

www.skos.ch
Website der Schweizerischen Konferenz
für Sozialhilfe, mit Richtlinien für die
Sozialämter

Sterbehilfe

Dignitas
Postfach 17
8127 Forch
Tel. 043 366 10 70
www.dignitas.ch

Exit
Geschäftsstelle Zürich
Mühlezelgstrasse 45
8047 Zürich
Tel. 043 343 38 38
www.exit.ch

Trauer

Krisenintervention Schweiz
Konradstrasse 15
8400 Winterthur
Tel. 052 269 02 12
www.kriseninterventionschweiz.ch

Selbsthilfe Schweiz
Laufenstrasse 12
4053 Basel
Tel. 061 333 86 01
www.selbsthilfeschweiz.ch
vermittelt Selbsthilfegruppen für
Trauernde

Verein Aurora
Kontakt- und Informationsstelle
für Verwitwete mit Kindern
Natalie Häusler
Fliederweg 21
4303 Kaiseraugst
Tel. 055 440 85 70
www.verein-aurora.ch

www.engelskinder.ch
Website für Eltern, die ein Kind
verloren haben

www.seelsorge.net
SMS 767
Internet- und SMS-Seelsorge der
reformierten und der katholischen
Landeskirche

Versicherungsberatung

Fairsicherungsberatung AG
– Holzikofenweg 22
  3007 Bern
  Tel. 031 378 10 10
– Zweierstrasse 50
  8004 Zürich
  Tel. 044 242 75 75
  www.fairsicherung.ch

VermögensZentrum
Hauptsitz Zürich
Beethovenstrasse 24
8002 Zürich
Tel. 044 207 27 27
www.vermoegenszentrum.ch
Weitere VZ-Büros in diversen Städten der
Deutsch- und Westschweiz

Literatur

Beobachter-Ratgeber

Hell, Daniel; Kessler, Helga: Wege aus der Depression. Burn-out, Lebenskrise, Stress: Hilfe für Betroffene und Angehörige. 3. Auflage, Beobachter-Edition, Zürich 2011

Kieser, Ueli; Senn, Jürg: Pensionskasse. Vorsorge, Finanzierung, Sicherheit, Leistung. 2. Auflage, Beobachter-Edition, Zürich 2009

Stäheli Haas, Katrin: Wohnen und Pflege im Alter. Selbständig leben, Entlastung holen, Heim finanzieren. Beobachter-Edition, Zürich 2011

Studer, Benno: Testament, Erbschaft. Wie Sie klare und faire Verhältnisse schaffen. 15. Auflage, Beobachter-Buchverlag, Zürich 2010

von Flüe, Karin: Trau dich! Das gilt in der Ehe. Finanzen, Kinder, Partnerschaft – was Eheleute wissen müssen. Beobachter-Edition, Zürich 2009

von Flüe, Karin: Zusammen leben, zusammen wohnen. Was Paare ohne Trauschein wissen müssen. 6. Auflage, Beobachter-Edition, Zürich 2010

von Flüe, Karin; Strub, Patrick; Noser, Walter, Chau Ha, My: ZGB für den Alltag. Kommentierte Ausgabe aus der Beobachter-Beratungspraxis. 12. Auflage, Beobachter-Edition, Zürich 2014

Wirz, Toni: Sozialhilfe. Rechte, Chancen und Grenzen. 5. Auflage, Beobachter-Edition, Zürich 2012

Weitere Ratgeber

Bader-Tschan, Margarete: Mit Ritualen würdevoll Abschied nehmen, Eigenverlag, 5. Auflage, 2007. Zu beziehen bei Charona; www.charona.ch

Diverse Broschüren der Krebsliga für Betroffene und ihre Angehörigen, teilweise kostenlos zu beziehen bei der Krebsliga; www.krebsliga.ch

Fischer, Monika: Was tun, wenn jemand stirbt. Ott-Verlag, Bern 2014

Mettner, Matthias (Hg.): Wie menschenwürdig sterben? Zur Debatte um die Sterbehilfe und zur Praxis der Sterbebegleitung. 3. Auflage, NZN-Buchverlag, Zürich 2003

Schweizer Spenden Spiegel 2013/2014. 9. Auflage, Zürich 2012. Erhältlich beim Verlag Schweizer Spenden Spiegel; www.spendenspiegel.ch

Stichwortverzeichnis

232